何以上海

上海博物馆 编著

上海人民出版社

《何以上海》编委会

主　　任　汤世芬

编　　委　石维尘　曹　媛　陶　焱　陶　菁

主　　编　汤世芬

执行主编　石维尘

文字撰稿　洪彦龙　杨　婧　乔志远　吕志伟

前 言

　　博物馆是保护和传承人类文明的重要场所，让收藏在博物馆里的文物、陈列在广阔大地上的遗产、书写在古籍里的文字都活起来，成为丰富全社会历史文化滋养的课堂。

　　习近平总书记指出，一个博物馆就是一所大学校，要创新展览展示，推动文物活化利用，推进文明交流互鉴，守护好、传承好、展示好中华文明优秀成果。文物承载灿烂文明，赓续历史文脉，维系民族精神，是老祖宗留给我们的宝贵遗产。让历史说话，让文物说话，传承祖先的成就与光荣，增强民族自尊与自信。这份历史文化遗产蕴含着中华民族的基因和血脉，不仅属于我们这一代人，也属于子孙万代。

　　上海博物馆发挥自身馆藏和文化传播优势，在大量文博教育实践与探索的基础上，组织相关文博单位与教育领域的专家学者和学校教师，与上海学悦风咏文化发展有限公司联合策划、编写和出版本套博物馆进校园探究性读本《何以中国》和《何以上海》。"何以中国""何以上海"是两个大话题。中国文化源远流长，中华文明博大精深；上海城市发展日新月异，海派文化众彩纷呈。希望同学们在这套读本中了解中华文明的起源、统一、繁盛、传承与新生，体会上海文化之源、文化之根、文化之脉、文化之核，从而理解中华优秀传统文化与海派文化的哲学思想、人文精神、价值理念、道德规范等。

国家之魂，文以化之，物以教之。希望广大青少年能通过本套读本，提高历史文物和综合学科的学习兴趣，走进博物馆，走进广博深厚、光辉灿烂的中华文明的殿堂！

目 录

第一单元　海陆变迁与文明之光

　　提起上海的历史，人们经常会有一个误区，认为上海只是一座近代发展起来的城市，并没有深远的历史可以追寻。造成这种误区的原因，一方面是近代以来上海迅速发展成为远东第一大国际性都市，崛起之快与变化之大，让人叹服，而现代都市的光芒也遮蔽了上海的古代历史；另一方面是古代文献的缺失，使得上海早期历史没有充分的资料和实物加以证明，对于上海古文化的研究与解读也很难深入。

　　其实，根据文献记载，"上海"这一地名产生已经将近千年，上海设县也已七百多年。中华人民共和国成立后，上海的考古工作取得了突破性进展。目前，上海地区已经发现了几十处古代文化遗址，如崧泽遗址、广富林遗址、马桥遗址、福泉山遗址等，向我们展示了上海古代文明的形成、发展与演进。大量的遗迹和文物证明，大约距今6000年前的马家浜文化晚期，第一批先民来到这片土地，开创了上海的历史。

海上明珠：
沧海桑田与起源

博物回响

　　2004年，在位于青浦区赵巷镇崧泽遗址的一座新石器时代的墓葬中，发现了一个保存相对完整的人类头骨残骸，这让上海博物馆的考古工作者兴奋不已。这枚头骨来自一名死亡时25至30岁的青年男性（图1），整体呈黄褐色，经复旦大学生命科学院的专家拼合后，大体完整，甚至还有一颗蛀牙，令人联想到他生前也许受到牙病的困扰。更重要的是，这座墓葬属于马家浜文化，距今约6000年，这枚头骨也来自那个遥远的时代。实际上，在同时发现的七座墓葬中，每一座都埋有人骨，但另外六座墓葬中的尸骨都已与泥土融在一起，无法提取，只有这一枚头骨是相对完整的。这是在本次考古工作即将结束阶段的发现，我们险些与6000年前的先民失之交臂。

　　从考古学来看，6000年历史的古人类遗骸并不算时代久远。但在天气潮湿、土壤呈酸性的南方地区，人体骨骼的保存难度较大，发现马家浜文化时期相对完整的头骨，在上海地区还是第一次。考古学家怀着激动的心情，称其为"上海第一人"。这个响亮的名号，不但指代这位青年男性个体，也代表6000年前切实生活在这里，跟他同祖同根的族群。

　　那么，在更遥远的过去，有没有更早的人类族群在这生活？这要从上海这座城市的命名和"沧海桑田"的故事说起。

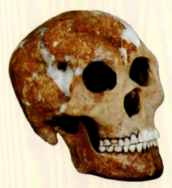

图1 距今约6000年
马家浜文化人头骨
（青浦区崧泽遗址出土）

沪上春秋

　　上海的地名里多见"浦"字，如"黄浦""青浦""杨浦"等，但很多人却不知道这个字的准确含义。字典里，这个字通常表示"河岸"，也表示"江河与支流的汇合处"，即大河交汇处或河流入海处。这类地方常常形成渡口或港口，交通运输发达。而在吴方言中，"浦"是小河，且多指人工河。

　　上海的名称就和"浦"有关。宋元时期，在今天的外滩一带，形成了一些新兴的贸易聚落。当时在这一区域，有十八大浦，即十八条河，其中一条是"上海浦"，其西岸尤其繁华。1292年（至元二十九年），元朝政府将这片地区设置为县，称"上海县"，属松江府管辖。不过，在元代设县以前的材料中，我们可以知道，北宋年间（960-1126）有一个"上海务"的行政机构，主管此地的酒类税收，到了南宋时期（1127-1279），出现了"上海镇"，隶属嘉兴府华亭县，这个地方已经成为一个重要的新兴贸易港口（图2）。"上海浦"既是一条平平无奇的河，也是当时商人贸易与生活的共同空间。

　　在"上海"这个名称出现之前，这片土地就已经有大量的先民生活。同时，海岸线时刻变化、迁移，河道在各种因素下也悄然发生改变。如今我们行走的土地，也许曾经是汪洋一片；现在我们看到河流奔腾，也许河水本来并不从这里经过。海岸线向东方延伸，过去的海岸和堤坝，慢慢变成今天的遗迹。过去修的许多海塘，随着海岸线的前展被废弃，新的海塘又修建起来。这些海塘标记着过去海岸的位置，一路向

图 2　上海宋元时期行政区划演变
（取自谭其骧主编《中国历史地图集》）

东。我们已不能完全知晓遍布上海各处的天然水道如何形成、堵塞、变化，也不能知道人工水道开凿与改道的每个细节，所以我们只能对上海形成的过程做一个简略的概观（图3）。

　　如今总面积六千多平方公里的上海，约有65%的土地是近两千年形成的。江河入海，泥沙堆积，海岸线不断前伸。六七千年前的上海似乎不是"上海"，而是"海上"，茫茫一片的海洋，也常常被陆上先民视为世界的尽头。

　　距今约两万年前，第四纪最后一次冰期的最盛期，年平均气温比现在低几度，海平面比现在低大约130米。整个东海陆架都基本出露成为陆地，那时的东海海岸线距离现在的岸线足足有几百公里。当时的"上海"，除了河谷以外，几乎都出露为陆地。地质学家发现，上海地区两

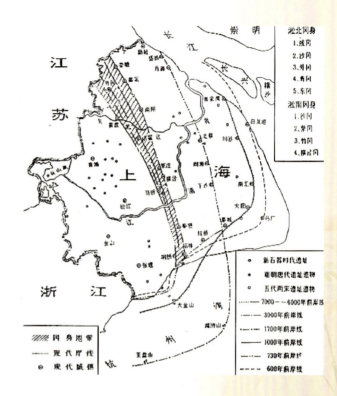

图 3 上海地区成陆示意图

万年前的土层中广泛分布暗绿色、黄褐色的黏土，这是因为当时的地表长期干燥无水，又经历风化、成土作用，使得这些土脱水固结，结构相当紧密。根据气象研究和土壤研究的证据，大约距今1.8万年以来，全球气温回暖，冰川消融，海平面回升，于是原来露出的陆架又被海水淹没。这一过程是缓慢而持久的。大约距今7000年前，海平面的位置开始稳定在与今天相当的高度。在这个阶段，整个长江口形成以扬州—镇江为顶点的巨大河口湾，相当于今天上海大部分地区的古大陆都被海水淹没。大陆部分水深有二十多米；更靠东近海的地方，比如崇明岛、长兴岛等河口沙岛地区水深可以达到四五十米。相比两万年前的干燥、冰冷，七千年前的环境对我们来说更熟悉一些。毕竟我们很难想象以"海"为名的城市距"海"是那么遥远。

距今约7000年至1000年前的海岸线，我们是无法通过海塘来观测的，因为海塘是人工修建的挡潮堤坝，七千年前的生产力还不足以修筑海塘。上海地区有史可考的最早的系统建设的海塘是旧捍海塘，修建年份应在唐开元元年（713）之前。要考察这之前的海岸线变迁，我们需借助一个地质发现——"冈身"，或称贝壳沙堤。

所谓贝壳沙堤，并不是人工制造的。现在发现的贝壳沙堤，通常被掩盖在厚厚的泥土下，是大量泥沙和介壳残骸在海岸处堆积起来的高阜地带。古人对这些高耸的贝壳沙堤早有直观的认识，统称为"冈身"。南宋《云间志》记载："古冈身，在（华亭）县东七十里，凡三所。南属于海，北抵淞江（吴淞江），长一百里，入土数尺皆螺蚌壳，世传海中涌三浪而成。其地高阜，宜种菽麦。"（图4）

根据地理学家的调查，今上海境内有数条近于平行的密集的地下贝壳沙带，以吴淞江为界，吴淞江以北，自西向东，有浅冈、沙冈、外冈、青冈、东冈等5条贝壳沙带；吴淞江以南，自西向东，有沙冈、紫冈、竹冈和横泾冈等4条贝壳沙带（图5）。最东到最西的沙带，宽度在3公里到10公里之间。因为形成贝壳沙堤的过程需要持续数十年乃至上百年之久，所以发现贝壳沙堤就意味着附近曾有一道海岸长时间保持稳定。考古工作者利用碳十四测年方法，可以探测贝壳死亡时的年

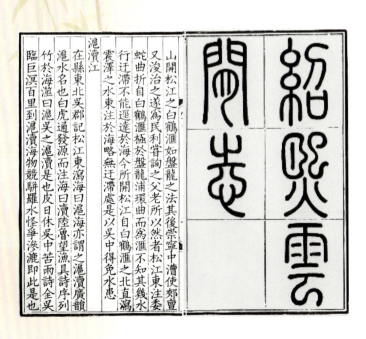

图4 宋 杨潜撰
《云间志》书影

龄，从而推算古海岸线的形成时间。就上海地区发现的贝壳沙堤来看，最西侧的贝壳沙堤大约形成于距今6500年前，最东侧的贝壳沙堤则形成于距今约4000年前。我们可以将这一变动看成是海水不断后退，陆地不断延伸的过程。也就是说在6500年前，上海博物馆所在的人民

图5 金山冈身遗址

广场还是广袤的海洋，要到六朝时期才形成陆地。这是贝壳沙堤告诉我们的信息，也是时光和历史留给我们的密码。

新的富有肥力的土地诞生，自然能够吸引周边的农业人群前来定居。从海平面趋于稳定的"7000年前"，到贝壳沙堤形成的"6500年前"，我们可以推测先民迁居于此的时间恐怕也不会更早。相比一些更早适宜人类生存的地带，长江三角洲的东缘地带要晚熟得多。海水东退，陆地淡水沼泽化，也是一个漫长渐进的过程。

城市寻迹

过去有一种观点，认为上海基本没有远古历史。20世纪50年代以后，考古学家在位于青浦的崧泽遗址中，发现了环太湖地区已知最早的新石器时代文化——马家浜文化，上海的历史因此足足提前了几千年。环太湖地区已经成为我国史前文化发展序列中最清晰、完整的地区之一，学术界普遍认同这样的发展序列：马家浜文化—崧泽文化—良渚文化—钱山漾阶段—广富林文化—马桥文化。以崧泽遗址发现而命名的崧泽文化，在长江三角洲地区新石器时代文化谱系中，是联系马家浜文化和良渚文化的重要环节。

20世纪50年代初期的上海，除了1935年发现的戚家墩遗址外，几乎没有什么古代遗址。直到1958年，为了打捞淀山湖里的"狗屎铁"（黄铁矿），意外发现了大量印纹硬陶、红色印纹软陶和石器，这才确定上海地区是存在过新石器时代文化的。在此之前，即便有一些"上海的居住史未必那么晚"的论调，也只是一种缺乏证据的猜想。随着时代的发展和考古工作的推进，更多的遗址被发现，考古工作者慢慢摸清了上海古文化遗址的分布情况，改变了人们关于上海无古可考的错误认识，把上海的历史向前追溯到距今约6000年前。那是马家浜文化古人居住的时间，是"上海第一人"生活的时代。

此时先民已经脱离茹毛饮血的习惯，开始经营定居、农耕生活。考古学家发现，他们主要用陶釜烹煮食物，一些陶釜中还发现烧黑的动物骨骼，同一地层出土不少碳化的稻谷和经烧煮过的植物叶片。陶釜的底部不平，本身是不能立起来的，"上海第一人"们如果要做菜吃饭，可能需要在地上挖洞，放置炭火，再将陶釜放在火上加热使用（图6）。一些遗址中还出土有陶质纺轮，可见他们已经掌握了纺织的技术。再如崧泽遗址出土的一件玉玦（图7），应是用于夹挂在耳部的佩饰。玉玦用乳白色玉髓制作，环形，有一缺口，使用时要按捏耳垂下部使耳垂变薄后嵌入佩戴，或穿过耳洞后转动180°悬挂佩戴。这类玉制品虽然不多，也可以让我们窥见当时人们的技术水平和日常审美。

这一时期，有一件明星文物——家猪陶塑（图8），身躯肥硕、腹部圆滚、四腿粗短，特别是拱嘴较短，野猪的特征消失，明显是驯化成型的家猪，可见马家浜文化的先民已经有了相当的驯化家畜的能力，摆脱对自然资源的过度依赖，进入饲养、农耕等主动创造物质财富的生产力发展阶段。

而在整体社会面貌方面，据考古学家研究，马家浜文化的墓葬之

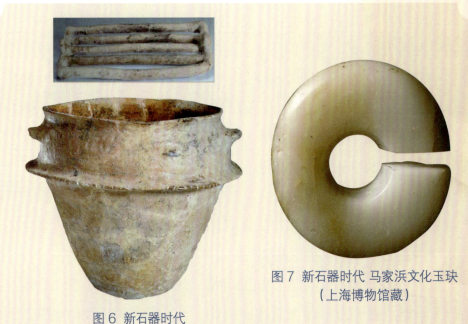

图6 新石器时代
马家浜文化双耳宽檐陶釜、陶炉箅（上海博物馆藏）

图7 新石器时代 马家浜文化玉玦
（上海博物馆藏）

图 8　新石器时代
马家浜文化家猪陶塑（上海博物馆藏）

间不存在明显的贫富分化，还处在较为原始的阶段。不过到马家浜文化晚期，已经出现不平衡地分配社会产品的可能性，社会开始出现分化迹象。

　　这些先民居住的地方，位于今天上海市青浦区赵巷镇崧泽村，在青浦区中心城区东五公里处，文化堆积相当丰富，不但先后有马家浜文化、崧泽文化、良渚文化等新石器文化族群居住过，还有相当一批青铜时代遗存，证明古时候该地曾长期是人们活动的热点区域。如果一位马家浜文化的先民穿越时空，来到自己曾经生长、成熟、老去的地方，一定会被震惊得说不出话来。他们应该从来没有想到过，自己制作的平平无奇的工具，或者一些陶器、石斧、玉器等，被这个时代的人视为珍宝。我们目前发现的，还只是他们的轮廓，我们所找到的，也只是历史不经意间留下的一段剪影。此外，青浦福泉山遗址、金山查山遗址也有马家浜文化先民留下的足迹。

海派风貌

上海是一个与"江海"有着不解之缘的城市。在沧海桑田的巨变之中，先民与自然和谐共处，在这片土地上辛勤劳作，创造了朴实却又光辉的文明。但在非常长的历史时期，这里地位不显，因此只有一些零碎的早期文献记载，这与近代以来国际化大都市的形象，形成鲜明的对比。

以马家浜文化为起始的一系列史前古文化遗址的发现，充分向我们证明了上海六千年的文明史。在今天的崧泽遗址上，我们可以看到很多个上海"第一"：上海第一人、上海第一稻、上海第一房、上海第一井……这些"第一"，展示了上海悠久的文明之源和深厚的历史积淀。

上海已发现四十多处古文化遗址，并且基本构建起上海史前文明发展的时间线，表明上海的历史文明并不是凭空产生，也不是简单的外来文化作用，而是由一代代先民在生生不息的生活中创造出来的（图9）。

图9
上海主要古文化遗址分布图

博物趣知

崧泽遗址探寻

崧泽遗址，位于上海市青浦区赵巷镇。

崧泽遗址是上海城市历史的重要发现，考古出土的大量文物与遗迹充分佐证上海的悠久历史与古老传统。

1962年，崧泽遗址被上海市政府公布为上海市文物保护地点。2013年，被国务院公布为第七批全国重点文物保护单位。2021年，崧泽遗址入选"百年百大考古发现"。

博物探寻

大家去探寻上海博物馆东馆考古馆吧，寻找崧泽遗址出土的陶器、玉器等，与它合影，并把自己的观察记录下来。

博物探寻微卡片			
博物名称		所在展馆	
博物介绍			
器物特征			
个人感受			

古国印迹：
早期文明与高峰

博物回响

　　1982年，上海博物馆在青浦区福泉山遗址进行考古发掘，出土了一件神人兽面飞鸟纹玉琮（图1）。

　　这件玉琮呈半透明青绿色，玉质之精在历来出土的良渚玉器中极为罕见。整体外形弧边近方形，内圆，分为上下两节。以四角为中心，雕饰以一组简化的神人和兽面的复合图像，神像纹两侧各饰一振翅欲飞的飞鸟，刻纹精巧，细如发丝，技艺之高超令人叹服。玉琮是良渚文化时期最重要的礼器之一，而鸟是良渚先民崇奉的神鸟，作为神的使者来去自如、沟通天地。

　　福泉山是青浦重固镇农田里的一座小土山，由人工堆筑而成，呈不

图1 新石器时代 良渚文化神人兽面飞鸟纹玉琮
（上海博物馆藏）

规则长方形。从1982年到1988年，考古工作者在这里共进行了三次发掘，发现良渚文化墓葬30座。福泉山遗址的发掘首次揭示出良渚文化高等级大墓与人工堆筑高土台之间相生相伴的关系，形成了对高土台墓地的突破性认识，因而启发了江浙等地的考古工作者，为日后良渚古城等更多大型遗址的发现提供了经验和启示。随着对良渚文化遗址更多的发掘与研究，考古学家认为良渚文化的发展程度很高，有严密的社会组织和完整系统的礼制，并为此设计出各种形制的礼器以彰显权力关系和信仰。

从20世纪80年代上海开始有计划地发掘古文化遗址至今，良渚文化不断给我们惊喜，同时又设下一个个谜题，带领考古工作者逐步揭开五千年前的历史。

沪上春秋

20世纪70年代后半叶，学术界找出一条新石器时代中晚期太湖地区文明发展的线索，初步构建起马家浜文化、崧泽文化、良渚文化、马桥文化直至商周时期文化的年代学框架。

先民以石块制作生产工具，经济生活以稻作农业为基础。崧泽遗址出土的马家浜文化炭化稻谷颗粒（图2），为追溯研究水稻起源和中国早期稻作文明的发展做出了重要贡献，提供了珍贵的实物证明。在苏州草鞋山遗址中曾发现了同属马家浜文化时期的水稻田与水井、水塘、水路等相配套的灌溉系统，反映先民已有较成熟的田间管理和人工灌溉技术。

良渚文化不是凭空产生的，而是经历了漫长的发展孕育过程，崧

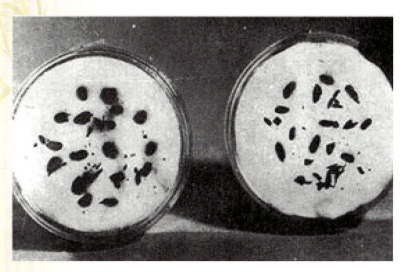

图2 新石器时代 马家浜文化炭化稻谷颗粒

泽文化就是良渚文化发展的基础。崧泽文化距今约6000年至5400年，以上海青浦崧泽遗址命名，崧泽文化的分布范围大体和马家浜文化的分布一致，即以太湖流域为中心，但传播的范围比马家浜文化更广一些。崧泽遗址发现的一百多座崧泽文化墓葬构成的墓地，是崧泽文化遗存的重要代表和分期依据。该时期墓葬中的随葬品反映了私有财产的显著差异，折射了阶层分化，阶级开始出现。墓葬出土陶器主要有夹砂和泥质两种，在一些出土的陶器上，还刻着神秘的符号，形状有线条或几何图案，器型以鼎、豆、壶等为代表，其中豆则是最具代表性的产品。1966年上海青浦县寺前村遗址下层出土了一个镂孔双层陶壶（图3），该陶壶分为内外两层，陶壶的内层是实际的使用功能，而陶壶外层主要是为了装饰，这件陶壶代表着崧泽文化的先民在陶器制作上已经摆脱仅追求物品实用性的阶段，开始自觉的艺术化创作。崧泽文化陶器上常用刻划纹、剔刻纹和镂孔作为装饰，具有极高的艺术审美价值，反映了崧泽先民自由、浪漫的劳作与生活状态。崧泽时代标志着长江下游先民迈出了

图3 新石器时代
崧泽文化双层镂孔花瓣足陶壶
（上海博物馆藏）

图4 新石器时代
良渚文化象牙权杖
（上海博物馆藏）

图5 玉琮上的"神徽"纹饰 1986年浙江余杭反山遗址12号墓出土
（浙江省博物馆藏）

社会复杂化的关键一步。从崧泽到良渚，先民创造出东亚最早的国家社会，先行迈入文明之门。

良渚文化时期，上海地区聚落数量进一步增加。此时，时移物迁、泥沙冲积，地貌上的转变使良渚先民把原先的高地和内陆村落迁移到当时的平原和海岸线上。遗址中发掘出了很多造型更为科学的农业工具，制作工艺考究，器物打磨锋利且抛光精致，品种多样且与稻作农业生产环节相呼应，如石犁、石镰等，这代表了一种农业高度专业化的倾向。

除此之外，手工业领域也显示出专业化的倾向，良渚文化的陶器制作已经熟练地运用轮制成型再加修整的方法，还刻有繁复的、带有图腾意味的蛇纹、鸟纹等。良渚文化玉器也显示出社会政治的发展，以福泉山遗址权贵墓葬中出土的玉琮、玉璧、玉钺、象牙权杖等礼器为代表（图4），考古工作者研究认为这个阶段社会阶层已经分化，作为统治阶层控制社会的国家机器已经出现，没有实用功能的礼器正是宗教神权的象征（图5）。而社会上层已有能力调动大量人力和资源营建大规模公共建筑。综合这些文化因素，有学者将良渚文化时期的上海地区称为"福泉山古国"，是良渚文明的一处重要的区域性中心。

城市寻迹

　　20世纪70年代学术界确立上海古代文化时空分布的基本轮廓之后，80年代至21世纪初上海考古人先后在青浦福泉山、闵行马桥和松江广富林进行有计划的发掘工作。

　　福泉山遗址位于上海市青浦区的重固镇，遗址分布范围超100万平方米，早年主要围绕"福泉山土墩"开展工作，首次确认了良渚文化人工堆筑的高台墓地的存在，出土各类文物2800余件，福泉山土墩有"东

图6 良渚文化分布图

方土建金字塔"的美誉。2007年以后，又陆续确认了以吴家场、陆坟堰为代表的数个重要地点。福泉山遗址是太湖以东良渚文化最重要的中心性聚落（图6）。2023年4月18日，上海博物馆福泉山遗址考古工作站在上海市青浦区重固镇揭牌。这是继青龙镇遗址考古工作站后，上海成立的第二家考古工作站。

1982年，在一次偶然的情况下，当地在修筑福泉山山下的路基时，发现了半块直径接近三十厘米的玉璧，4500多年前的良渚文化大墓的发掘工作由此展开。同年11月29日，福泉山东坡的四号坑西壁突然坍塌，在深一米多的位置上露出了一件灰白色的物品，它总高六七厘米，呈方柱形，中间有圆孔，这是良渚大墓特有的随葬品——玉琮。随后，一座随葬品空前丰富，有神像鸟纹玉琮、磨光玉钺、坠珠玉项链、兽面纹象牙雕刻等大批稀世珍品出土的良渚大墓重见天日。1983年至1984年又继续发现六座良渚大墓和几十座战国墓和汉墓。良渚大墓的发现对推进上海地区乃至长江流域文明起源的考古工作可谓是重大突破，验证了著名考古学家苏秉琦先生提出的中国文明起源的"满天星斗说"，即全国各区域的史前文化发展共同参与了文明起源进程，都做出过贡献。

1990年，上海地区良渚文化展览在上海举行，展示了上海考古工作三十年来对上海地区十二处良渚文化遗址所作的十四次科学发掘的总体成果。这次展览展示了大量精美的玉器和陶器，这些发现证明包括古代上海在内的良渚文化早于夏朝即出现了国家雏形，上海的古文化源远流长，文明史六千年来一直绵延不绝。

2019年7月6日，在阿塞拜疆举行的第四十三届世界遗产大会上，我国浙江杭州良渚古城遗址成功列入了世界遗产名录。在良渚遗址申遗成功之后，良渚文化考古的脚步也一直没有停止，并且取得了一项项新的突破。

海派风貌

　　福泉山遗址是上海的文化遗产名片，是祖先留给我们的一座蕴藏丰富的宝山，被誉为"上海的历史文化年表"。

　　福泉山遗址的考古发掘揭示了从新石器时代到战国、西汉、唐、宋等各个时期的文化遗存，这种完整文化层叠压关系为研究上海历史提供了丰富的资料，使得福泉山成为了解上海古代历史演变的重要遗址。福泉山遗址不仅是上海早期历史的缩影，也是研究长江流域文明起源的重要资料。通过对比其他遗址的考古发现，可以更好地理解长江流域早期文明的发展模式。

　　福泉山遗址总面积达到100万平方米，但每次发掘也就几百平方米，只有通过常年不间断的考古探究，才能逐渐了解其更多的文化内涵。上海博物馆对福泉山遗址长达几十年的考古发掘，为中华文明上下五千年历史长度的推断的得出提供了重要的实证，对认识中国早期文明具有关键性的作用。

　　习近平总书记指出：考古成果延伸了历史轴线，增强了历史信度，丰富了历史内涵，活化了历史场景。考古遗存是历史留给我们的不可或缺的文化遗产，是城市的文化之根。文物是历史文化的重要载体，通过留存至今的考古出土品，我们可以了解当时先民的工艺水平、审美情趣、社会样态和精神文化。随着城市的快速发展，埋藏于地下的文化遗产成为上海历史生生不息的象征，透过考古遗存隐约可见上海文化脉络的历史基因。

行走实践

福泉山遗址探寻

福泉山遗址位于上海市青浦区重固镇西侧，1962年被发现，1979年开始试掘，20世纪80年代开展大规模的考古发掘。福泉山遗址是上海历史的缩影，也是上海进入早期文明社会的代表，对研究长江流域的文明起源提供了重要的史料。

福泉山遗址

博物探寻

请大家自行探索上海博物馆，寻找良渚文化的展品，详细地看它们的介绍和样貌，并将自己的观察记录下来。

博物探寻微卡片			
博物名称		所在展馆	
博物介绍			
器物特征			
个人感受			

多元文化：
南北交融与变迁

博物回响

　　1959年底，上海重型机器厂在上海县马桥镇（今属上海市闵行区）建造厂房，没想到在挖掘作业过程中发现了大量文物。原来，该厂选址正位于"冈身"的特殊地带上，地势比较高，一般较难发现埋在下面的遗址。由于这次建造厂房，需要把地面垫高，因此，在施工中发现大量文物。

　　遗址被发现后，上海博物馆立即组织人员赶去进行抢救性发掘，这是上海第一次真正意义上的科学考古发掘。虽然当时的考古条件并不完备，但经过两个月的发掘，收获却相当丰富，整个发掘面积约有2000平方米。遗址文化层分为三个阶段：上层为春秋战国时代遗存，出土各类印文硬陶和各类原始瓷；下层为良渚文化遗存，出土器物都具有典型良渚文化的特征；中层为一类新的遗存，它以夹砂和泥质红褐陶为主，器物表面一般拍印各类纹饰，具有鲜明的特色，后来中间这一层的遗存被命名为马桥文化。

　　其后，上海考古工作者对马桥遗址进行了多次发掘，发现了陶文、原始瓷、青铜器等马桥文化的重要遗存（图1）。马桥遗址的发现在当时有重大意义——首先，将上海的历史大大向前追溯，证明上海地区有良渚文化的分布；其次，将上海的成陆年代向前推，证明至少在五千年前，上海西部及西南部就已成陆，良渚先民已在此生活；更重要的是，通过对马桥遗址的发掘，还确认了良渚文化与马桥文化的先后关系，找到了马桥文化与良渚文化的叠压关系，提供了直接的地层依据。

图 1　马桥遗址照片

沪上春秋

南北交融和移民给上海带来了璀璨的多元文化。

根据现有的发现，上海最早近三千年的史前史可以划分为几个阶段：从马家浜文化到良渚文化，反映了长江三角洲原始土著文化从形成发展到史前文明高峰的过程；从钱山漾文化开始，经广富林文化至马桥文化，上海地区与周边地区文化愈发激烈地碰撞、融合，从各种考古发现中得到证实，上海地区与南北方文化在人口、手工业技术、商贸、审美上始终保持着频繁的交流。

马家浜文化因浙江省嘉兴市南湖乡天带桥村马家浜遗址而得名，主要分布在太湖地区一带，因此囊括上海。其为目前所知环太湖地区发现最早的新石器时代文化，年代距今7000—5800年左右。

马家浜文化生成的因素，首先是环太湖区域环境为先民的生产与生活提供了大量可以获取的自然资源，再有马家浜先民能够因地制宜，发挥主观能动作用去开发、改造自然环境。当然，文化因素也是马家浜文化生成的重要助力。考古研究表明，马家浜文化与周边文化区存在着广泛的社会文化交流，在形成发展过程中广泛吸收和借鉴了外来文化。

鼎的出现是划分马家浜文化早晚期的标准之一。从太湖地区整体文化态势分析，马家浜文化存在明显的由西向东发展的过程。太湖地区不同区域的器形组合及特征存在较为明显的差异。比如太湖西部鼎出现较早，且逐渐成为当时的主要炊器；而在东部地区如崧泽等遗址，以釜为主要炊器的传统一直延续到马家浜文化末期。

如现存于上海博物馆的双耳宽檐陶釜、陶炉箅于1976年在崧泽遗址出土，其陶釜高30厘米，口径24厘米；陶炉箅长31.6厘米，检测确定为马家浜文化时期的文物。陶釜为夹砂红陶，肩部有两个对称的附耳，一下有一圈锯齿形宽檐，以便于加设于土灶之上，下置炉箅通风助燃。陶炉箅，夹砂红陶，两端各有一耳便于取放。使用时横搁于炉塘中间，上面搁柴烧火，下面通风初回。炉箅的范明是炉膛供氧充足，柴火燃烧充分，既节约了燃料，又提高了煮食效率。

其后的崧泽文化与马家浜文化既有联系，也存在着明显的变化，并非简单的继承、发展关系。崧泽文化的形成除了继承马家浜文化传统外，也吸收、转化了外来文化，又创造出新的文化因素，在文化中期阶段成为长江下游地区最重要的一支考古学文化，影响扩展到宁镇地区、江淮东部地区、皖江流域等区域，从而奠定了以后良渚文化强势文化的基础。

良渚文化逐渐衰落之后，上海又经历了一个文化的碰撞与融合时期。距今4300—4100年前的钱山漾阶段的遗存，本土文化传统的比重较弱，而带有明显的外来文化特征，可以证明当时动荡的文化格局。在人群迁徙、聚沙成塔的发展过程中，北方文化传统占据优势，上海地区发展为广富林文化。距今4100—3900年前的广富林文化的发现，解决了过去对于良渚和马桥文化之间年代缺环的疑惑，填补了环太湖地区新石器时代末期的文化谱系。广富林文化呈现出多元化的特征，例如广富林文化的陶器按照质地分为夹砂和泥质两类，装饰技法主要有压印、刻划、堆贴和拍印，陶器类型有鼎、瓮、罐、豆、钵、盆、杯和圈足盘等，如1999年出土的侧装三角形足陶鼎（图2），三角形鼎足上的肌肉状纹理是其重要的特征之一，摸起来与小臂曲起后突起的肌肉类似。这些都显示出和新石器时代长江三角洲文化不同的特征，是受到了来自黄河流域以玉油坊为代表的中原龙山文化的影响，表明上海接纳北方移民，形成

图 2 新石器时代
广富林文化侧装三角形足陶鼎
（广富林遗址出土）

图 3 新石器时代
马桥文化云雷纹鸭形陶壶
（马桥遗址出土）

新的文化面貌。

　　广富林文化之后，距今3900—3200年前的马桥文化继承了少量良渚文化的文化因素，但不占主导地位。研究成果表明，马桥文化来源于浙西南山地的原始文化，同时它还包含了山东地区的岳石文化、中原地区的二里头文化因素。对照中原地区的王朝序列，马桥文化的年代大致与中原的夏和商相当。马桥文化的几何印纹陶，是受浙南、闽北印纹陶遗存影响的产物。陶器如甗、觚、尊、豆、簋、瓦足盘以及拍印的云雷纹等特点（图3），与中原地区河南偃师二里头、郑州二里岗的夏商文化有紧密的联系。

　　广富林文化与马桥文化正处在上海六千年历史发展的转折期，广富林文化是转变的酝酿期，马桥文化则是量变到质变的最大体现。它们既继承了本地文化传统，也吸纳了中原、山东、浙南闽北等更广泛区域的文化传统，广富林时期北方因素影响更多一些，马桥时期南方因素影响更大一些，这种大空间、大范围的交融造成了文化变革，这可看作中华文明多元一体历史进程中的江南典范。

城市寻迹

广富林文化得名于上海松江广富林遗址，距今大约四千多年。2006年，"广富林文化"这一名词被专家确定。通过连续多年在广富林遗址进行勘探发掘，研究者发现各种陶器的器形和纹饰完全不同于在此之前延续了数千年的当地文化传统。广富林文化陶器的基本特征同黄河淮河流域的龙山时代文化，尤其同豫鲁皖地区的玉油坊文化类型相似（图4），少数同浙闽赣地区陶器特征相似，因此，可以说广富林文化是由北来移民为主所创造的特殊的文化。广富林文化时期，来自北方的文化传统已经成为上海乃至长江三角洲的文化主流力量。2012年，上海博物馆考古团队参与了广富林遗址考古项目。经过统一协调，科学发掘，已经取得许多重要成果。除了工具石斧、石凿和石锛等，也有周代的生活用具、青铜礼器，其他比较精美的文物还有宋代及明清时期的各种瓷器。

马桥文化因这类遗存最早发现于上海马桥遗址中层而获命名，1982年定名，年代上马桥文化在良渚文化之后，但在文化面貌上截然不同，两者之间并没有直接的承袭关系。

马桥文化与广富林文化一样，也是包含多元因素的文化综合体。马桥文化的陶工以陶文记事，陶文主要被刻划在陶罐口沿的沿面上，小部分刻在鼎类炊器的口沿面上（图5）。虽然陶器并非文字书写的主要载体，但是，马桥文化的陶文正是汉字产生过程中处于萌生阶段的早期文字代表，它的发现对于研究中国文字的起源发展，有着极为重要的意义。

马桥文化另一项重要成就是原始瓷器的烧造（图6）。软陶与硬陶

图 4 细高颈袋足陶鬶
（广富林遗址出土）

图 5 马桥文化叶脉纹陶罐
及其口沿上刻划陶文
（马桥遗址出土）

图 6 马桥文化原始瓷豆
（马桥遗址出土）

的分化，是窑业技术的巨大进步，为原始瓷的出现奠定了基础。窑工通过精选瓷石、控制窑温和人工施釉等工艺的改进，成功完成了从陶到瓷质的飞跃。马桥文化的原始瓷是目前确认的最早的样品。文字和瓷器推动交流发展，上海地区很快成为南北文化交流的重要通道，北方和南方势力在此不断地发生碰撞，产生融合，正是在这种文化态势下上海地区以一种兼容并蓄、海纳百川的态度，创造出了富有区域特色的新文化。因此，上海的广富林文化和马桥文化反映了上海地区多元文化的特色，并影响至今。

海派风貌

文化上的繁荣交流与人口迁徙，推动上海成为今日东方之明珠。从北宋中期在上海浦旁边出现的上海务开始，到宋代建立的上海镇，到元初设置的上海县，到清中叶将苏松太道移于上海而俗称上海道，直到1927年上海成立特别市，不过九百年的历史。而从1843年上海开埠以来，这种发展更呈飞跃的态势，从一个滨海的普通县城，演变成国际性的大都市，竟然只经历短短的百年时间。

宋室南迁，元代设松江府并新立上海县，加速了上海社会经济文化的发展。宋元考古得出的一个结论就是水边遗址增多，奉贤四团北宋瓷器堆积、青浦塘郁码头、闵行浦江花苑遗址，出土了大量宋元明瓷器，显示出当时海上贸易的兴盛和黄浦江的发展。嘉定封浜宋代古船、闵行新泾码头，为南宋时期的吴淞江远较今天宽阔提供了实证。

纵观上海的历史与文明的来源，需要在互动与融合中认识文明的多元一体，需要在更广阔的时空内予以动态的观照。早在中华文明从酝酿到产生的阶段，这片土地上的人群便已经开始亲密接触并不断融合。从崧泽文化、凌家滩文化、红山文化的文明曙光，到良渚文化的文明实证，再到龙山时期陶寺古城、石峁古城等城池的林立，再到二里头、殷墟、周原，中华文明的产生和早期发展有了清楚的、切实的线索。而上海，这颗皇冠上的明珠，在上下五千年的人群交往与文化交融中，必将继续绽放出多元文化之花，结出累累硕果。

行走实践

广富林遗址探寻

　　广富林遗址位于松江区广富林路3260弄。遗址中不仅包含了本土良渚文化的痕迹，也有来自北方黄河流域龙山文化的印记。因此，这一文化带有上海最早的"移民文化"色彩，无论是断墙残垣，或是深埋水土，这里是这座城市走向未来的精神家园。

　　1977年12月，广富林古文化遗址被公布为上海市文物保护地点。2013年5月，广富林古文化遗址被国务院核定公布为第七批全国重点文物保护单位。

广富林文化遗址

马桥遗址探寻

马桥遗址位于闵行区马桥镇北竹港和俞塘汇合处西北侧。该遗址是太湖地区早期印纹陶文化的典型遗存。遗址的发现证明四千多年前良渚文化时期这里已有先民生息，为研究上海史和中国东南地区古文化、南北文化的相互关系和影响提供了实物材料和科学依据。

1977年马桥遗址被列为市级保护地点。2013年5月，被国务院核定公布为第七批全国重点文物保护单位。

马桥古文化展示馆

博物探寻

大家去探寻上海博物馆吧，寻找广富林遗址、马桥遗址出土的文物，与夏商时期中原地区的器物对比，寻找他们互相影响的证据，并把自己的观察记录下来。

博物探寻微卡片			
博物名称		所在展馆	
博物介绍			
器物特征			
个人感受			

第二单元　一江一河与商贸之路

　　作为一座因贸易而兴盛的港口城市，上海的发展与江河密不可分。从现今的发展情况来看，人们难免会认为上海是从黄浦江两岸发展、兴盛，并逐渐向周边扩散的。但其实，上海是从今日青浦区一带——确切来说是从青龙镇勃兴，并随吴淞江一路延展，最终在黄浦江完成崛起的。这种"依水而生、因水而兴"的市镇发展逻辑，以及从中诞生的城市精神与人文风貌，正是上海这座城市的根基所在。

青龙巨镇：
辐辏交通与崛起

博物回响

　　2012年，上海博物馆考古研究部在青龙镇遗址一口深4.5米的水井当中，发现了唐代铜镜、铁釜、铁提梁鼎、木雕饰件等多件珍贵文物。其中，鹦鹉衔枝绶带纹铜镜（图1）直径28厘米，体型硕大，莲瓣纹钮座，镜背纹饰为一对鹦鹉，口衔折枝花果，爪攫蓓蕾花结绶带；鹦鹉体形雄壮，长尾飘曳。折枝花果纹花朵盛开、枝叶繁茂；绶带共有两组，尾端系流苏，宛转飘荡，似在空中飞舞。该镜工艺精湛，其产地很可能是当时的铸镜中心——扬州。

　　这口水井是上海目前考古发现的数百口井中最深、砌造最为用心的一口。井中发现文物飘逸而浓烈的图案，彰显了盛唐时代的精神风貌，同时也表现出唐代青龙镇的繁盛景象。铜镜出土的遗址，经过考古发掘，是唐代的一个铸造作坊（图2），同时还有留下来的房屋地基。而在青龙镇其他地区也发现了类似的铜镜，连带其他大量出土文物可以表明，此地在唐代是一个繁盛而重要的商贸重镇。而事实也证明，从2010年正式的考古发掘至今，青龙镇遗址一次又一次带给考古工作者意想不到的惊喜。

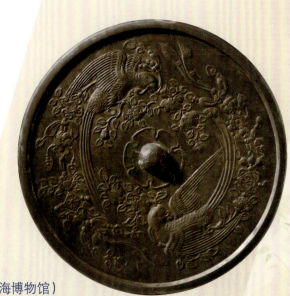

图 1　唐 鹦鹉衔枝绶带纹铜镜（上海博物馆）

图 2　青龙镇铸造作坊遗址

沪上春秋

　　若要讨论上海的商贸起源，青龙镇是一个绕不开的名词。古时的青龙镇位于今日青浦区白鹤镇东部一带，毗邻嘉定、昆山，属于"旧青浦"。其名字的由来最早可追溯到唐显庆四年（659）的《南史》，书中记载"青龙舟孙权所造也，盖昔时尝置船于此地，因是名之耳"，说的是三国时期东吴孙权曾在这里修造青龙战舰，便将这里命名为"青龙"。古时的青龙镇正是凭借修造战舰闻名天下，孙权曾用青龙战舰在赤壁之战中大破曹军，青龙镇也一直作为海防重镇承担着保家卫国的职责。

　　到了唐朝天宝年间（742—755），沿海战事几近于无，青龙镇需要寻找造舰以外的谋生之法。因为青龙镇地处吴淞江南岸近海口，水域辽阔，适合船舰停泊，当地官府便在这里大兴航运，青龙镇也逐渐发展起来。天宝五年（746），朝廷在此正式置镇，不仅苏州一带生产的贡物要从青龙镇运往北方，日本、新罗等国的船只大多也选择在青龙镇停靠，人员与货物的流通使得当地贸易愈发繁盛，青龙镇一跃成为海上丝绸之路的重要通商港口之一，甚至在日本遣唐使学成归国时，也有多次选择从青龙镇启程返航。到五代十国时期，青龙镇又成为吴越国的贸易港口，江浙一带产出的丝织品与瓷器经由青龙镇流向海外，换取象牙、犀角、珊瑚等珍品以及各类香货、皮货，引得各国商贾纷纷乘船前来。史书中的描述是"广置博易务，听南北贸易……蕃舶往来，盛于唐代"，青龙镇昌盛富荣之景跃然纸上。

　　进入宋代，青龙镇开始频繁出现在文献记述之中。"青龙镇"一词最早出现在北宋元丰三年（1080）的《九域志》一书，后在元丰七年（1084）《吴郡图经续记》一书中有了详细的方志记载："吴郡，东至于海，北至于将，旁青龙、福山，皆海道也……今观松江正流下吴江县，过甫里，径华亭，入青龙镇，海商之所凑集也"。在贸易方面，青龙镇延续了唐代的盛景，嘉祐七年（1062）所刻的《隆平寺灵鉴宝塔铭》中有"自杭、苏、湖、常等州日月而至；福、建、漳、泉、明、越、温、台等州岁二三至；广南、日本、新罗岁或一至"的表述。意为近处的杭州、苏州等地的船只每日或每月来一次，稍远些的福州、温州、台州等地的船只每年来两三次，日本、朝鲜等地的船只每年来一次。考虑到古时航运的时间成本，此时的青龙镇算得上是远近闻名的商贸重镇与对外口岸。而在元丰五年（1082）的《隆平寺经藏记》中，青龙镇已成为江南中心地区之一，书中称其"瞰松江之上，据沪渎之口，岛夷、闽、粤、交、广之途所自出，风樯浪楫，朝夕上下，富商巨贾豪宗右姓之所会"。北宋至和三年（1056），朝廷特意在此处设置管理司与水陆巡检司，并安排官员与将领在青龙镇征收赋税、稽查巡逻，这在市镇级别中是相当少见的建置，足以证明朝廷对青龙镇的重视与关注。而青龙镇也没有令朝廷失望，其年税收额仅次于当时极其富庶的秀州府（今绍兴地区），高居两浙地区第二位，是名副其实的"东南巨镇"。

贸易的繁盛使得青龙镇发展迅猛，不仅修建起"三亭、七塔、十三寺、二十二桥、三十六坊"等标志性建筑，官署、学校、仓库、税场、酒务、酒肆、茶楼等设施也一应俱全，高官巨贾、文人墨客集聚于此，使得青龙镇"烟火万家，衢市繁盛……人乐斯土，地无空闲"，时人称其"比之杭州"。北宋书画家米芾就曾担任青龙镇镇监一职，在这里绘就《沪南峦翠图》等传世真迹；诗人梅尧臣也曾短居青龙镇，不仅在江边观潮时留下"百川倒蹙水欲立，不久却回如鼻吸；老鱼无守随上下，阁向沧州空怨泣"的感叹，还四处走访，挥毫撰写《青龙杂志》，这也是第一部以青龙镇为主体的志书。此外，苏东坡、范仲淹、王安石、司马光、唐询、秦观、陆游、李中行等人也曾到访青龙镇，并在这里写诗作赋。

到了南宋时期，关于青龙镇的记载也更加具体。以绍熙四年（1193）的《云间志》为例，除了称青龙镇为"海商辐辏之所"，还围绕当地官员设置、水系情状、名胜古刹、两榜进士、诗词文赋等多个方面进行详细描述与资料收录，是极具研究价值的青龙镇史料。此外还有范成大编纂的《吴郡志》以及绍定元年（1228）成书的《四明志》，里面记载了江河治理、造船厂迁移等情况。当然，最著名的莫过于迪功郎应熙撰写的《青龙赋》，全诗气势磅礴，处处反映着彼时青龙镇的富丽堂皇："粤（越）有巨镇，其名青龙。控江而淮浙辐辏，连海而闽楚交通。……市廛杂夷夏之人，宝货富东南之物。讴歌嘹亮，开颜而莫尽欢欣；阛阓繁华，触目而无穷春色。……观汹涌江潮之势，浪若倾山；寻芳菲野景之奇，花如泼血。风帆乍泊，酒旆频招。醉豪商于紫陌，殢美女于红绡。凝眸绿野桥边，几多风景；回首西江市上，无限逍遥。"

但也正是从南宋起，青龙镇由盛转衰。由于长江泥沙的不断淤积，海岸线逐渐东移，加上太湖口洪涝严重，唐宋两朝一直兴修水利、构筑长堤，使得作为太湖主要泄水通道的吴淞江下游流速减缓、泥沙沉积、河道淤塞收窄，船舶难以驶入青龙镇，不得不停泊在离海更近的上海浦一带，商贸中心也随之迁移。元代至元十四年（1277），上海镇市舶务的设置使上海浦成为新的航运中心，这大大挤占了青龙镇的发展空间，据《嘉禾志》所述，此时的青龙镇虽然"镇治延袤，有学有狱"，保持着原有的规模，但"无复海商之往来"，往日商贾摩肩接踵、纷至沓来的景象已消失不见。到至正十六年（1356），朝廷撤废青龙镇市舶务，青龙镇逐渐走向没落；明代嘉靖年间（1522—1566），青龙镇又屡遭倭寇侵掠，街市损毁严重，沦落为小集镇，最终被废弃，湮灭于时代的烟尘之中。

城市寻迹

过去关于青龙镇的研究主要集中在对青龙寺、青龙塔等地面建筑以及相关文献记载的分析上，除此以外几乎一无所知。直到1988年，生产队在青龙村开挖窑河时发现了多口大小不一的砖井，并从中掏出五代莲花形口越窑青瓷盏、长沙铜官窑贴花褐彩执壶等不少唐代晚期至南宋时期的陶瓷器皿（图3），为青龙镇考古研究的首个重大发现；1989年，在开挖油墩港鹤星村仓西河段时，生产队也曾发现三口宋代古井。多处古井的出现引起考古工作者的关注，考虑到青龙镇遗址的价值与意义，2001年，青浦区将其列为不可移动文物点并登录在册，等待合适的时间进行发掘研究。

2010年，上海博物馆考古部将青龙镇遗址列入"上海大遗址考古计划"，并围绕青龙镇遗址开展考古发掘工作。第一次正式发掘主要集中在老通波塘两岸，在西侧发掘出大量唐代瓷器、陶器与瓷片堆，其中可以修复的器物有二百多件，主要为越窑、长沙窑瓷器；东侧则发掘出唐代砖砌建筑遗迹。此外，在纪白公路南侧以及青龙港沿岸还分别发掘出宋代房屋墙基与古井，里面除了大量青砖碎块和板瓦残片，还有修复的瓷碗、韩瓶、陶盆、陶钵等器物，共计18件，可谓成果显著。其中发现的长沙窑瓷器在中原地区甚至湖南长沙本地都极少出土，大多是作为外销瓷器生产，一定程度上证明了青龙镇是唐宋时期对外贸易的重要窗口。

2011年底，上海博物馆考古部开始第二次正式发掘，共发现4处唐宋建筑基址，出土的铜、铁、木、陶、瓷等完整和可复原器物近2000件。其中最令人欣喜的是窑河南岸发现的四座排列有序的火炉，虽然只剩下底部，但周围堆积着大量残渣与陶器残块足以表明这里曾经是一个大型铸造作坊，这也是上海历史上发掘出的第一个铸造作坊。出土的2000件器物中有着大量越窑、长沙窑、龙泉窑、景德镇窑、建窑等南方窑口出产的名贵瓷器，里面最珍贵的是全国也仅存数件的唐代瓷腰鼓，青龙镇遗址中居然存有两件（图4），成为青龙镇昔日商贸盛况的有力佐证。

　　2015年起，上海博物馆考古部开始第三次正式发掘，首先发现的是始建于北宋天圣年间（1023—1031）的隆平寺佛塔塔基和下面的地宫。隆平寺在古籍中被称作"北寺"，它的佛塔与现存"南寺"青龙寺的青龙塔曾同为青龙镇的两大地标性建筑（图5）。当时考古队员在万安桥附近挖到一条探沟，其中一块砖上写着"入塔内"三个字，符合造塔时他人捐赠砖块的特征，因此判断隆平寺佛塔就在万安桥附近。佛塔内部存有各朝代的钱币，五铢、天禧通宝、得壹元宝、咸康元宝、宋元通宝

图3 唐 长沙窑青釉褐彩雄狮纹执壶

图4 唐 长沙窑褐釉腰鼓
（上海博物馆藏）

图 5 青龙塔照片

铁母钱等。地宫中放置有套函，最外层为木函，向内依次为铁函、木贴金函与银函，木函内装藏有银箸、银勺、银钗、银龟、铜镜、水晶佛珠、铜瓶、舍利等供奉品与器物，银函底部则铺有一层彩色宝石，上置一尊释迦摩尼涅槃像，函外左右各有一座阿育王塔（图6）。这是上海首次经考古发掘确认的古塔遗址，反映出唐宋时期佛教信仰在青龙镇地区的风靡情况。此外，在遗址中还发掘出来自福建、浙江、江西等南方窑口的6000余件可修复的瓷器与数以十万计的碎瓷片，唐代以越窑、德青窑、长沙窑为主，宋代则以福建闽清义窑、龙泉窑、景德镇窑产品为主（图7），这与朝鲜、日本等地发现的瓷器组合极为相似，说明大量南方瓷器是经由青龙镇运往海外，这与文献材料相互支持，足以证明青龙镇在海上丝绸之路体系中的独特价值。

图6 北宋 铜阿育王塔
（上海博物馆藏）

图7 唐 长沙窑莲瓣纹碗
（上海博物馆藏）

海派风貌

　　如今的青龙镇遗址已经看不出曾经的繁华景象，但青龙镇的成功，以及自青龙镇形成的"由港兴市"的发展逻辑却一脉相承下来。上海镇接过历史交付的火炬，在嘉靖年间的《上海县志》中，上海镇"人烟浩穰，海舶辐辏"，已然成为江南地区新的商贸中心；而随着吴淞江淤泥的进一步堆积，港口位置不断东移，太仓刘家港等逐渐兴起，直至今天，洋山深水港已成为国家重要航运枢纽。

　　随港口一同诞生的，还有海派文化的重要特征之一——商贸文化。商贸文化首先取决于河海交通的有利条件，这也是上海发展的水利因素；其次是物质生活的繁盛，同时引发手工技术与相关科技的快速发展；最后则是上海人求新求变的精神，这也与商业文化的刺激密不可分……物易时移，无论如何变迁，从青龙镇起，在频繁的对外贸易中形成的港口文化与海纳百川的城市气质就根植于上海人心中，成为1843年开埠后上海得以迅猛发展的重要原因之一。

行走实践

青龙镇遗址探寻

青龙镇遗址，位于上海市青浦区白鹤镇。主要沿着通波塘两岸分布，文化层堆积丰富。青龙镇遗址是上海城市历史的重要发现，是实证千年上海城镇发展的珍贵资料，考古出土的大量文物与遗迹充分佐证青龙镇是唐宋时期海上丝绸之路的重要港口之一。

2017年，青龙镇遗址入选2016年度全国十大考古新发现。2019年，青龙镇遗址被列为第八批全国重点文物保护单位。

 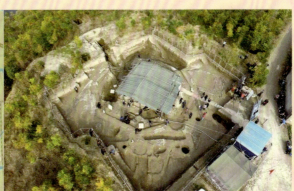

青龙镇遗址

博物探寻

大家去探寻上海博物馆吧，在上海考古馆等寻找青龙镇出土的文物（铜镜、瓷器等），与它合影，并把自己的观察记录下来。

博物探寻微卡片			
博物名称		所在展馆	
博物介绍			
器物特征			
个人感受			

吴淞古江：
东南都会与发展

博物回响

　　2001年5月，普陀区志丹苑小区的商品房改造工程已进入尾声。在为最后一栋楼房打桩时，工人反映，地下7米左右有个"巨大的硬东西"，换了好几个点位都打不下去。项目负责人很是着急，为了不影响工程进度，他让工人换上带硬钢丝的金刚钻继续打桩，很快就打穿了硬物。而当取出硬物中的碎块时，负责人发现，这硬物并非自己预想的地下巨石，而是用铆钉嵌合的，有明显人工制作痕迹的两块青石板。他立即向上级部门反映，请考古专家前来分析，志丹苑元代水闸就以这戏剧般的方式进入人们的视线。

　　作为一座规模宏大、工程考究的石构水工建筑遗址，志丹苑元代水闸是研究吴淞江水利史、上海港口演变史与城镇发展史的不可多得的珍贵史料。如遗址内发掘出的龙泉窑青瓷洗，碗口呈花瓣状，对外微敞，腹壁亦为花瓣形，中部一道凸棱，釉泽光亮，似在含苞吐萼，栩栩如生；黑釉盏敞口内敛，尖圆唇，弧斜腹，小圈足，外壁虽施釉却不到底，展现了匠人卓越的制作水平。此外还有青釉八思巴文碗、釉陶瓶、铁锭榫等元代器物与水闸构件（图1），这些文物的出土对古代水利工程研究有巨大价值。它们不仅反映了宋元时期江南地区的水系变迁，也证明了吴淞江对上海乃至长江三角洲发展的重要影响，是当之无愧的"母亲河"。

图 1 当时打桩时取出的元代器物与水闸构件

沪上春秋

吴淞江，与东江、娄江并称"太湖三江"，它的起始为太湖瓜径口，经吴江、吴县、昆山、青浦、嘉定等地区流入上海市内，于外白渡桥汇入黄浦江，全长共计125公里，是太湖流域的主要排水出路。古时的吴淞江也被称作松江、松陵江或笠泽江，松江之名最早见于《后汉书·左慈传》，里面提及的名满天下的"松江鲈鱼"便是指在吴淞江孕育生息的鲈鱼。松陵江与笠泽江则出现在陆广微所著的《吴地记》一书中，说"松江一名松陵，又名笠泽也"。这三个称呼一直沿用到唐末，直到北宋水利学家郏亶在《吴门水利书》中首次将其称作"吴松江"，这个名字才流传开来。到元至元十五年(1278)，元人又在"松"字旁边加"水"，将其定名为"吴淞江"。至于我们现今广泛使用的"苏州河"，其实是特指吴淞江在上海市内（北新泾至外白渡桥）的水道，这一说法始于上海开埠之后，在上海生活的外国人发现沿这一水道航行可以直抵苏州，便将其称作"Soochow Greek"，这也是苏州河的英文译名。到1848年，上海道台与英国驻沪领事签订租界条约时，"苏州河"才第一次出现在官方文件之中，后逐渐被市民接受、使用。

唐宋以前，太湖流域的水主要通过"太湖三江"入海，东晋庚仲初在《扬都赋》的注解中也留下过"太湖东注为松江，下七十里有水口分流，东北入海为娄江，东南入海为东江，与松江而三也"的说明。当时的吴淞江下游河道宽阔，鱼类甚多，渔民使用竹片与粗绳制作类似"蟹簖"的捕鱼用的小机关，鱼类只可进不可出，在涨潮时投放，退潮时回收。由于这种机关被称作"扈"，加上"渎"字本身也有河川之意，吴淞江下游也被称作"扈渎"，后来加上水字偏旁，转为"沪渎"，南朝梁简文帝《吴郡石像碑记》中的"吴郡娄县界，松江之下，号曰沪渎"，以及北宋《吴郡图经续记》中的"松江东泻海日沪渎"等记述，都采用了这一称谓，今日的上海简称"沪"也是在此基础上进一步简化而来的。

宽阔的河道虽有利于渔业，却不利于农耕与生活。吴淞江属于强潮性河流，每日潮汐进退时，海中泥沙被带入河道并不断淤积，使得河床逐年抬高，河道时常淤塞，排水泄洪作用大大减弱——雨季时洪峰到来，大量湖水无法通过吴淞江进入大海，只能从堤坝溢出，将沿岸人家与田地尽数淹没；旱季水量骤减，吴淞江又无法保持高水位，河道干涸，粮食作物便无法灌溉，影响收成。早在南北朝元嘉年间（424—453），就曾有官吏提出"松江沪渎塞嗌不利"，计划从周边地区"开槽谷湖"，以缓解水情；五代十国的吴越国天宝年间（908—912），钱氏也曾在吴淞江一带设置撩浅军治河筑堤。幸运的是，在宋代以前，吴淞江淤塞情况并不算严重，大部分时间都比较平稳，并成为江南一带的重要商贸航道，带动了青龙镇的崛起与兴盛。

到了宋朝，吴淞江的情况出现了恶化。本与吴淞江一同连接太湖与入海口的东海、娄江泥沙淤塞严重，水势几近断绝，只剩吴淞江尚能发挥作用。可少了东江、娄江的助力，吴淞江上游排水愈发不畅，下游泥沙淤积也愈发迅速；加上此时经济重心南移，围滩造田成为普遍现象，令情况进一步恶化，淤塞近在眼前。为了维持河道畅通，宋人持续治理吴淞江，其中最主要的便是"截弯取直"。截弯取直出自《吴郡图经续记》的记载，当时吴淞江下游一条名为盘龙汇的弯曲河道日益淤塞，朝廷采纳时任两浙副转运使的叶清臣的建议，将该弯道凿开重建成直道，"道直流速，其患遂弭"。在庆历年间，由于吴淞江风急浪大，多有船舶倾覆，出于保护漕运安全的需要，朝廷在吴淞江上筑起长堤，截断江流。虽然漕运有了保障，可吴淞江的流速减弱，泥沙淤积的顽疾又卷土重来。无奈，北宋嘉祐六年（1061），朝廷摒弃了旧河道，新凿了一条支流，转运使李复圭等人效仿叶清臣的方法，改建了青龙镇西边白鹤汇的弯曲河道，使其通过新支流汇入大海。经此疏浚，吴淞江终于"泄流通畅，水患得免。"唯一的遗憾是，青龙镇正处在旧河道上，随着新河道开通，青龙镇也就随之衰败。天圣年间，朝廷在其东部设置"上海务"，是秀州地区"十七务"之一。到南宋时期，上海务正式成镇，地位变得愈发重要起来。

到了元代，上海镇发展迅速，朝廷在此设立市舶司后不久，便因"生齿日繁"，将其从华亭县中独立出来，成为上海县。此时的上海县一度是南方海运的基地之一，据《松江府志》记载，不仅江南漕粮要经由上海运往大都，送往琉球、日本、满喇加（今马来半岛西南部）、交趾（今越南北部）等国的货物也要从上海县进出，上海县因此富庶起来。不过，水道淤塞的问题依旧存在，这一时期负责河道疏浚工作的是行都水少监任仁发（图2）。

与先前负责治水的官员不同，任仁发是土生土长的青龙镇人，对吴淞江的情况更加熟悉；再加上他入仕后长期从事水利，先后主持过通惠河、会通河、练湖等区域水道的修治工作，对如何疏浚水道也有自己独特的见解。从大德八年（1304）起到泰定四年（1327）去世，任仁发先后三次负责吴淞江的疏浚事宜，与宋人的"截弯取直"不同，他提出"蓄水冲沙"的疏浚办法，通过修筑水闸，避免海水倒流时造成的泥沙内灌。据《水利集》记载，任仁发曾沿吴淞江支流修建多座木闸，但效果不佳，木制闸门难以抵御江水的冲击与侵蚀，极易损毁。于是，在泰定二年（1325），任仁发上书朝廷，围绕治水提出了三条建议，"一曰浚江河以泄水，二曰筑堤岸以障水，三曰置牐窦以限水"，其中的第三条即修建闸门。朝廷采纳后，任仁发便在吴淞江建造6座石闸，涨潮时关闭闸门，防止潮水倒灌；退潮时开启闸门，及时排涝冲淤，久而久

图2　元代任氏家族墓葬遗址

之，吴淞江水道情况得到大幅改善，江水滔滔不绝，直入大海，对保护当时的港口商贸环境起到一定作用。

值得一提的是，除了"水利专家"这一身份，任仁发还是元代著名的书画家，尤其擅画鞍马、人物与花鸟，曾奉命进宫绘制《渥洼天马图》，并因此得到皇帝的欣赏，深得重用与优待。《松江府志》中对其有"（任）水监盖以艺掩其能"的评价，认为任仁发在书画上取得的成就甚至盖过了他治水的功绩。其画作《秋水凫鹥图》如今就藏于上海博物馆内（图3），用笔精细、设色妍丽，七百年后依然栩栩如生，可见其功力之深。

明清时期，随着"黄埔夺淞"的发生，吴淞江由干流变成支流，并在潭子湾处形成了新的天然河道，这便是大家今日耳熟能详的"苏州河"河段。

图 3 元 任仁发 《秋水凫鹥图》(上海博物馆藏)

城市寻迹

元代任氏墓葬

1952年4月，原江苏省青浦县龙固区章堰乡北庙村和淮海乡高家台的农民们在田间劳作时，无意中寻得一座古老的墓葬，并从中挖掘出不少器物。后经上海市文物管理委员会以及相关部门的走访征询，才将流散的器物重新归聚起来。而根据墓葬中出土的六块墓志与三块墓碑，考古学者确定了墓葬主人的身份，他便是元代著名书画家与水利家任仁发。而除了他本人，其子任贤能、任贤德，其孙媳钦察台守贞，其弟任仲夫之子任良佑、任明等人也都合葬于此，这是一座家族墓葬。

任氏墓葬中出土的文物相当丰富，瓷器、漆器、铜器、金银器、砚台等一应俱全，共计71件。其中不乏多件南宋官窑，如悬胆式瓶、投壶式瓶、双耳炉（图4）、贯耳瓶（图5）等，都是稀世珍品。其中贯耳瓶藏于上海博物馆内，直口、长颈，扁圆腹，圈足，长颈上方附贯耳，耳与口沿齐平，通体施青灰色乳浊釉，有大小开片，口沿釉薄处显灰紫色，足端露胎处呈灰黑色，与《格古要论》中"紫口铁足"的特征相符。此外还有景德镇与龙泉窑烧制的各式碗、炉、瓶等，也都极具艺术感与史料价值，为研究元代经济社会提供了可靠的实物资料。

除了南宋官窑贯耳瓶，上海博物馆内还藏有从墓葬中发掘出的一件代表性漆器——剔红东篱采菊图圆盒（图6）。整件漆器呈圆形，漆色幽

图 4 南宋 官窑双耳炉（上海博物馆藏）

图 5 南宋 官窑青釉贯耳瓶
（上海博物馆藏）

图 6 元 剔红东篱采菊图圆盒（上海博物馆藏）

暗、漆层厚实、漆质坚硬，盒面中心雕有一老者，头戴风帽，身着袍服，策杖而行；后紧随一仆童，手捧菊花，亦步亦趋。整件漆器雕刻线条行云流水，画面布置充实而不杂乱，将陶渊明"采菊东篱下，悠然见南山"的田园意境凸显的淋漓尽致，展现了手工匠人超凡卓绝的制作技法。

志丹苑元代水闸遗址

自2001年5月发现志丹苑元代水闸遗址后，经过一年多的筹划与准备，2002年8月，考古人员围绕遗址开展试掘工作，后又在2004年、2005年连续开展小范围发掘工作，在清理出遗址地层堆积的同时，发现了闸门的石柱、匣墙与底石一角，由此确定这是一处水闸遗址，面积不小于1300平方米。由于已经通过小范围发掘明确了东部闸墙外围的细致结构和水闸大致的保存情况，因此，考古人员计划采用闸墙内外分别发掘的方法，先发掘墙外，后发掘墙内，最后再探明水闸各部分的细部结构。

图7　志丹苑元代水闸模型

2006年7月起，伴随着全面发掘工作的进行，水闸遗址的全貌也逐渐被揭开。这是一座总面积为1500平方米的水闸（图7），其平面图呈对称八字形，由闸门、闸墙、底石、夯土层等几大部分组成。闸门由两根粗大的长方体青石门柱组成，立在整座水闸的中心，门柱四面规整，棱角分明，上部稍有残损；闸墙由青石条层层砌筑而成，缝隙间灌满灰浆，墙四角有木护角，顶端与内侧立有粗大的撅土桩，外侧则砌有秤砖，上下相互牵连，与闸墙连成一体；底板石镶砌在闸墙内，由青石板平铺而成，表面平整，石板下则是20厘米厚的万年枋，与闸墙外侧秤砖的下半部相连，连接处用骑马钉固定；夯土层位于闸墙与旧河道的中间地带，黄土下满是密集的木桩，部分木桩的上半部刻有文字与戳记，为判断水闸的年代提供了直接证据。

水闸遗址内出土的文物主要分为闸墙内外两部分。闸墙内部发现了少量元代青花瓷与青瓷碎片，多为龙泉窑青瓷，此外在闸门处还发现了铁钩、铁钉、铁环、残铁器、砖瓦残片、元宝、贝壳、鱼骨等；闸墙外部则发现了不同规格的砖瓦、瓷片，瓦有板瓦与筒瓦；瓷片有青瓷、青白瓷与釉陶，包含大口缸、碗、盘、洗、韩瓶等多种器型。此外，闸墙外部还出土了鸱吻、木夯等建筑残件。

在实物与文献的佐证下，研究者认为，这座水闸遗址是为元泰定二年（1325）所建的6座石闸中的"赵浦闸"，通过开关闸门制造水闸内外的水流落差，再利用落差产生的水流冲击力将闸外的泥沙冲走，以实现吴淞江的防淤与疏浚。

海派风貌

　　"黄浦夺淞"使得吴淞江江水流势趋于稳定，为上海工业发展奠定了良好基础。1843年上海开埠后，西方列强在沿吴淞江两岸辟路架桥的同时，发现苏州河两岸地价较低，劳动力也极其廉价，于是便利用特权，在苏州河沿岸兴建工厂，并利用吴淞江输送原料与货物，白礼氏洋烛厂、上海啤酒厂、日商内外棉纱厂、奇异安迪生电器公司、江苏药水厂等都是这一时期的产物。据1843年至1913年期间对23家外资轻工企业统计，洋商资本总额近700万两，十分惊人。

　　除了西方工厂，民族企业也在这一时期崛起。一些在西方企业就职的国人凭借工作中掌握的技术与经验，自己集资在苏州河畔创办企业，开始与洋商争抢市场。截至一战前夕，上海民族资本轻工企业已有阜丰机器面粉厂、天厨味精厂、大丰纱厂、华生电器制造厂、永和橡胶厂等38家企业，涉及14种门类，上海也随之成为中西工商业激烈交锋的战场。《上海竹枝词》中有"东西招贴满墙头，首尾粘连少隙留；何业何方新创设，引人往买预绸缪"的记载，描绘的正是晚清时期各路商家在街头巷尾张贴海报，揽客购买商品的火爆情景。

　　1919年，随着五四运动的浪潮，全国范围掀起浩浩荡荡的振兴国货运动，民族工业也迎来黄金发展期，各类工厂纷纷在苏州河沿岸落地，最多时竟达1914家（图8），其中许多是国内创办最早，或规模最大，或设施最先进的行业先驱，开一时风气之先，苏州河沿岸也由此被称作上海乃至中国近代民族工业的摇篮。民国时期，公共租界工部局曾派

图 8　近代苏州河沿岸工厂

人在苏州河河口统计船只往来数量，平均每天有1800余艘货船与800余艘货运舢板通过，运输量竟达沪宁、沪杭两条铁路运输量之和的三倍之多。

盛极一时的民族工业也带来了令人耳目一新的商业风气，除了广告橱窗、玻璃柜台、升降电梯、降价促销、海报广告等对西方商业样态的引入与模仿，各种贴合国人实际消费需求的新式商业手段也层出不穷——比如永安百货紧抓男性消费心理，开创性地聘用明眸皓齿的知性美女售卖钢笔，果然一炮而红，"康克令柜台，顾客独多，盖多为慕名而来"，她们也成为上海最早的带货专员，被称为"康克令小姐"；新新百货在商场顶层另设游乐场与夜总会，不仅配置高级舞池，还雇佣国外乐队驻场奏乐，一时间成为人们放松作乐的好去处；先施百货内设的东亚酒家除邀请吕晶晶、柳影、严玲等一众沪上知名歌星到馆表演外，还自行编排戏剧、舞蹈等节目，为客人助兴，成为最具人气的粤菜馆……这些商业模式与理念放到今日仍不过时，也难怪彼时旅居上海的美国作家欧内斯特·霍塞发出如此感叹："这个城市不靠皇帝，也不靠官吏，而是只靠它的商业力量发展起来的"。

作为太湖曾经的泄水通道之一，经过千年演变，吴淞江凭借航运成为江南地区商贸发展的主动脉。而依靠吴淞江勃兴的上海，通过发展沿岸工商业，由其引领城市的快速发展。在吴淞江的帮助下，城市日益扩大，人口不断增长，工业逐渐发达，贸易持续繁荣，文化密切交流，最终以上种种汇聚成一股巨大能量，在时代变革之际将上海城市发展推上新高度。

行走实践

志丹苑元代水闸遗址探寻

志丹苑元代水闸遗址,位于上海市普陀区延长西路与志丹路交界处,是我国考古发掘出的规模最大、做工最好、保存最完整的元代水闸。

志丹苑元代水闸遗址博物馆

2007年,志丹苑元代水闸遗址被评选为2006年度"中国十大考古新发现"之一,在使上海又添一处国家级遗址的同时,也成就了上海在中国水利工程发展史上的独特地位与价值;2013年,志丹苑元代水闸遗址被国务院公布为第七批全国重点文物保护单位。

博物探寻

大家快前往上海博物馆、志丹苑元代水闸遗址博物馆,找寻元代水闸相关的文物,拍照后再将它的特征记录下来吧。

博物探寻微卡片			
博物名称		所在展馆	
博物介绍			
器物特征			
个人感受			

黄浦潮涌：
江海通津与兴盛

博物回响

　　2015年，上海市文物局组织国家文物局考古研究中心、上海市文物保护研究中心等单位的考古人员在长江口崇明横沙水域开展水下考古活动，反复搜寻1887年在吴淞口外水域被英国船只碰撞沉没的"万年青"号炮舰。结果炮舰没找到，反倒通过声呐扫测等技术发现了一艘木质古船，并将其命名为"长江口二号"（图1）。

　　经过七年的筹划与准备，2022年11月21日零时许，在打捞工程船"奋力轮"的提升下，古船的桅杆缓缓露出水面，时隔一百五十余年重见天日。几天后，古船被"奋力轮"带入杨浦上海船厂旧址1号船坞，进入文物保护与考古发掘新阶段。

　　经过细致的调查与研究，专家一致认定，这艘古船是目前国内乃至世界上发现的体量最大、保存最为完整、船载文物丰富的古代木质沉船之一，不仅填补了我国清代晚期大型木帆船的研究空白，对中国乃至世界的造船史、航运史、陶瓷史、经济史等研究也具有十分重要的意义，堪称中国水下考古界里程碑式的重大发现。

图1 长江口二号古船打捞现场

沪上春秋

提到今日上海城市的母亲河，很多人的第一反应会是黄浦江，但正如我们前一篇章中讲述的那样，黄浦江的崛起是与明初的"黄浦夺淞"密不可分的。以此之后，黄浦江才成为太湖水的主要入海口，由此迎来航运的兴盛，并最终成为今日上海的城市象征与标志性景观。

黄浦早在宋朝便已存在，它源自淀山湖，经由南跄口汇入东海。只不过水势与漕运能力均不及吴淞江，因此声名不显。在北宋古籍中，就曾出现过"大黄浦""黄肚浦"等名词，虽然今日已无法考证，但有人推测，这就是黄浦江的前身。《永乐大典》中收录的《宋会要辑稿》中有"县东北又有北俞塘、黄浦塘、蟠龙塘，通接吴淞江"的记载，是目前已知的关于黄浦江的最早记录。

到明朝永乐元年（1403），太湖流域发生洪水灾害，淤塞严重的吴淞江已无法完成泄洪，无处可去的洪水溢出河道，给沿岸百姓的生产生活造成极大的损失，吴淞江的治理刻不容缓。永乐二年，户部尚书夏原吉奉旨主持吴淞江的水利工作，考虑到此时的吴淞江积重难返，无论是改建河道抑或是兴建水闸，不仅费时、费力、费财，效果也难以保证，因此，他没有沿用叶清臣的"截弯取直"与任仁发的"蓄水冲沙"，而是注重于上游河道的疏浚，并采纳了元代周文英在《论三吴水利》中提出的"掣淞入浏"的方法，一是另开河道，引部分太湖水经浏河、白茆直注长江；二是开凿上海浦，将其河道延伸至"闸港"（今浦东新区与奉贤区交界处）与黄浦江相接，使上海浦成为黄浦江的下游支流，引黄浦江水向东北流动，自吴淞口注入长江、排入大海，解决了黄浦江的淤塞问题；三是放弃原有吴淞江河道，开挖今日外白渡桥附近与吴淞江相连的一条名为"范家浜"（今外白渡桥至复兴岛一段）的河流，将其与上海浦相连，将吴淞江水引入新黄浦江的下游河道，实现"江浦合流"。被时代淘汰的吴淞江旧河道后来被简称为"旧江"，因为"旧"字不吉利，在沪语中"旧"又与"虬"同音，于是便称之为"虬江"。

"掣淞入浏"大获成功，范家浜至上海浦一带成为吴淞江、黄浦江两大河道的入海口，加上淀山湖水量充足，黄浦江一时间水势大增，河道也在江水流动中自然拓宽。也从这一刻起，新上海水系形成，黄浦江替代吴淞江，成为新的太湖干流与漕运干道的局面已逐渐成型，这便后人口中的"黄浦夺淞"。到了明朝隆庆三年（1569），吴淞江水患再起，在一代名臣海瑞的主持下，宋家桥一带八十里河道被挖通，吴淞江水自此可以绕过范家浜，直接从今天的外白渡桥处汇入黄浦江，随其一同入海，这在历史上被称作"淞注黄浦"，它不仅改变了吴淞江

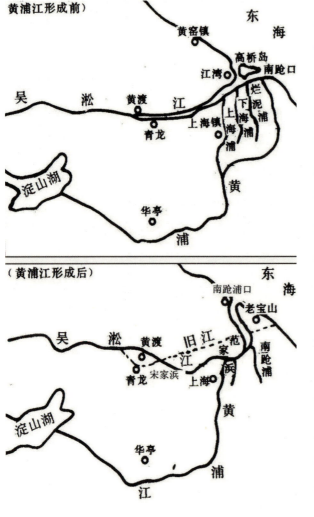

图2 "黄浦夺淞"地图

下游的走向，也确定了苏州河与黄浦江的主次关系，直到今天依然适用（图2）。

　　"黄浦夺淞"与"淞注黄浦"使得毗邻黄浦江的上海镇具备了成为一座长盛不衰的港口城市的必要条件，后经明清两朝的持续治理，黄浦江水势渐趋平稳，沿江各类码头林立，商市中货物琳琅满目，人流往来不断，成为当时除上海县城之外最为繁华的地带。

　　虽然发展的基本条件皆已具备，但受制于明朝"锁海"以及清初"片板不准入海"的海禁政策，上海的发展较为缓慢。直到康熙二十二年（1683），在平定台湾后，康熙解除海禁，设立江海关，上海遂成为南洋、北洋航道的交汇点。海禁一经放开，上海便成为沿海四大口岸之一，进出口船舶量与日俱增。尽管乾隆朝时政策再度收紧，江海关不再对外开放，对外贸易被迫中断，但上海已成为全国最重要的漕运中转枢纽，形成了海港城市的基本样态。据统计，在鸦片战争爆发前夕，上海县城内外的大小街巷已从清初的10余条增加至60余条，平均每年有近万艘沙船在上海港进出，货物吞吐量近200万吨，靠货物装卸为生的劳工与箩夫可达万人。嘉庆年间《上海县志》中"城东船舶如蚁，舳舻尾接，帆樯如栉，似都会焉"的表述，正是黄浦江边的繁荣景象的真实写照，上海也由此成为"江海之通津，东南之都会"。

城市寻迹

长江口二号古船

自2015年发现长江口二号古船后，为了进一步摸清这艘古船的性质，从2016年开始，考古人员每年都会对古船进行水下考古调查和多学科研究。2016年，水下打捞员在对古船进行小规模抽沙作业时偶然摸到一件精美瓷器，以此为突破口，考古人员对古船进行全面探摸，最终发现船上有31个货舱，几乎都是满载状态；2019年，又在古船周边找到了断裂的桅杆，在切下样本并带回岸上分析后，发现桅杆所用原料为东南亚的婆罗双木；到2021年底，共完成古船4个舱室的探索，发现400余件瓷器与物品，并由此推断古船内应装有数量庞大的文物，具有极其重要的历史、科学与艺术价值。

2022年11月，伴随着古船的出水与进厂，古船的相关信息也逐渐明晰起来。在船上以及周边区域，考古人员发现了"二甲传胪图"杯（图3）、吹绿釉瓷、青花双耳瓶、越南水烟罐、豆青釉青花大瓶、紫砂器、木质水桶残件、桅杆、

图3 清 "二甲传胪图"杯（上海博物馆藏）

图4 长江口二号古船水桶残件、桅杆、铁锚、滑轮以及建筑材料等文物

大型船材、铁锚、棕缆绳、滑轮以及建筑材料等大量文物（图4），并通过分析考察，将其逐一拼贴起来，组成了古船的昔日面貌——船上发现的景德镇窑绿釉杯因长期受海水腐蚀，整体虽已呈微褐色，但底部清末的"同治年制"款清晰可见，为古船的断代提供了重要的依据；青花双耳瓶是晚清时期流行的陪嫁物品，被民间称作"嫁妆瓶"（图5），瓶内还藏有50只青花团龙纹杯，层层叠叠，杯与杯之间的间隙用稻壳填满；复旦大学科技考古研究院的团队通过测算淤泥中残留稻壳的碳十四值反推其沉没时间，认为古船是在1862年至1875年间沉没的。此外，还有许多仍未被知晓的秘密，正等待着考古人员进一步去发现。

为纪念长江口二号古船这一伟大考古发现，在2022年12月发布的《上海博物馆"大博物馆计划"（2022-2025）》中，计划在杨浦滨江地带建设的上海博物馆北馆便是以古船为核心的考古主题博物馆，该馆将对标国际最高标准和最好水平，旨在打造具有世界影响力的古船与考古博物馆、全球一流水平的水下考古研究中心、国际航运贸易中心的展示窗口以及人民城市"生活秀带"的文化地标，为广大市民展示古上海商贸文明的独特魅力。

滨江码头工业遗产

　　发达的航运催生了码头体系与造船业，为了方便人员进出，各国均在黄埔江边，尤其是外滩一带建设码头，截至1853年，外滩边已建有怡和码头、宝顺码头、和记码头等十余座驳船码头，后来，各国又开始在码头邻近区域开设洋行，提供金融服务。19世纪60年代，随着轮船的兴起，苏州河北岸至提篮桥一带的黄浦江边成为轮船码头区，日商的三井下码头、美商的大来码头、英商的蓝烟囱码头，以及专门运输油料的美孚油码头、亚细亚石油码头等都是这一时期的产物。船舶修造厂也在江边渐次出现，比如英商就分别在1862年、1865年、1867年沿黄浦江成立祥生船厂、耶松船厂与上海船坞公司，并逐渐走向兼并联合。为打破西洋垄断，1865年，清政府在虹口开办江南机器制造总局，1867年将其迁至城南高昌庙黄浦江边，并逐步建立多个分厂，使其成为当时上海最大的工厂企业。1876年，清政府又设立轮船招商局，先后在虹口、浦东等地建立轮船码头，打破了洋商一统黄浦江畔码头的局面。

图5　清 景德镇窑冬青地堆白青花松下高士图双耳瓶（上海博物馆藏）

图 6 近代杨树浦工业及工厂

图 6 近代杨树浦工业及工厂

除了航运，随租界一并到来的工业文明也席卷了上海滩。洋商开始把目光投向黄浦江沿岸大片的空置土地，这里租金低廉，又便于运输，是兴办实业的好地方。1869年，随着杨树浦路建成，杨树浦工业码头区异军突起，成为上海近代工业发展的中心，各种门类的工厂纷纷在黄浦江畔建成、运行。除了外商开办的水厂、发电厂、纺织厂、木厂以外，华商也以此为中心置办工厂，上海机器造纸局、茂昌蛋厂、南洋兄弟烟草公司、上海华商水泥公司、中国肥皂公司、中国植物油料厂、荧昌火柴厂、章华毛绒纺织厂、中国酒精厂、耀华玻璃公司上海分厂等人们耳熟能详的民族品牌都在这一时期陆续成立，与洋商争夺市场（图6）。在洋商与华商的竞争下，上海工业发展迅速，我国工业的许多记录也诞生于此，比如我国第一座自来水厂、煤气厂、机器棉纺织厂、工业化制糖厂与制皂厂；亚州最大的电器厂；远东第一火力发电厂等，近代中国的第一个灯泡、第一根电线也都出自这里。可以说，杨树浦工业码头的厂区就是当时中国工业的最高水平，在中华人民共和国成立后依然在工

图 7 杨浦滨江工业遗产

业领域发挥着无可替代的作用，其产值曾一度达到上海工业总产值的四分之一，工人总计超60万。直到20世纪90年代，伴随着城市功能的调整，传统工业被逐步淘汰，黄浦江畔大量工厂关停。时至今日，这些工业厂区已成为滨江工业遗产，供游客参观游览，追寻"中国近代工业文明长廊"往昔的辉煌与荣光（图7）。

海派风貌

　　上海开埠后，电气、咖啡、汽车等来自西方的事物开始在上海滩流行开来。此外，外来的文化与思想也在十里洋场传播开来，1897年，商务印书馆在公共租界内成立，来自西方的新知新学随出版物传播至全国各地，不断冲击着人们古旧的世界观与价值观。如果说戊戌变法以及后来的辛亥革命是时代变革的先声，那么随着"德先生"与"赛先生"通过《新青年》进入民众的视线，民主与科学之火被彻底点燃，新兴的时代力量已然显现。在黄浦江沿岸的洋商工厂中辛苦劳作的工人们开始思考、行动，并在五四运动与五卅运动中登上历史舞台，成为搅动历史风云的社会力量。

　　当我们回顾黄浦江的前世今生，可以发现一个显著的特点，那就是"生于忧患，兴于危难"——黄浦江是治理吴淞江淤塞难题过程中逐渐形成的，在"黄浦夺淞"的过程中，黄浦江不仅完美承接吴淞江原有的泄洪排水职能，还在连通的过程中得到更多的水源，河道得以拓宽、延展，最终从支流变为干流，成为航运的新通道；而在国家积贫积弱，上海饱受列强欺凌的租界时代，黄浦江沿岸又成为中国近代工业中心，民族企业在此崛起，工人阶级在此觉醒，成为国家独立自强的重要推动力。

行走实践

杨浦滨江工业遗产探寻

杨浦滨江工业遗产位于杨浦区黄浦江沿岸，遗产地内存留秦皇岛码头、上海机器造纸局、上海船厂、怡和纱厂等数百处工业遗产，曾被联合国教科文组织专家称为"世界仅存的最大滨江工业带"。

自2002年上海启动黄浦江两岸开发以来，经过十余年努力，杨浦滨江工业遗产已从"工业锈带"华丽转身为"生活秀带"，现实与传统交相辉映，成为杨浦滨江的标志性地段之一。

人民城市展示馆

博物探寻

　　大家快前往上海博物馆、上海历史博物馆与滨江工业遗产地，找寻长江口二号古船和近代上海工业发展相关的文物，拍照后再将它的特征记录下来吧。

博物探寻微卡片			
博物名称		所在展馆	
博物介绍			
器物特征			
个人感受			

第三单元 江南名邑与人文荟萃

　　上海作为近代崛起的工商业城市和国际大都市享誉世界，但她其实也是一座历史悠久、文化发达的城市。她位于我国南北海岸线中点、长江入海口，自古以来是南北方交通贸易和文化交流的中转站、汇集点，早在16世纪就被称为"江南名邑"。

　　上海地区文化艺术的兴盛也与文人名士的荟萃密切相关。三国东吴时期在此建功立业、封地聚居的陆氏、顾氏等世家大族造就了上海地区文化艺术最初的辉煌。唐宋时期，松江南岸的青龙镇成为贸易港口，交通辐辏，市井繁华，书画家米芾、苏轼等都在此留下过行迹与作品。宋人南渡之后，更为上海带来了发达的文化艺术，赵孟𫖯夫妇的书画成就对后世产生了重要影响。元末的中国大地常年征战不休，张士诚据吴后，"浙西诸郡皆为战场，而我松僻峰泖之间，以及海上皆可避兵，故四方名流汇萃于此"，文化艺术的创作与交流更趋丰富。入明之后，上海所在的松江府经济繁荣，人文鼎盛，逐渐与苏州府并驾齐驱，在这样的环境下，引领中国书坛、画坛三百余年的"云间书派""云间画派"应运而生，将上海地区古代人文艺术的成就推向顶峰。

近代以来，随着租界的开辟，大量中外移民涌入，使上海成为华洋共居、五方杂处的移民城市，也为文化艺术的发展带来新鲜血液。东方与西方、南派与北派、传统与现代、清雅与通俗在此交流碰撞，最终海纳百川，形成具有强烈创新性与包容性的"海派文化"。

文教之乡：
文脉传承与底蕴

博物回响

　　上海地区迄今为止已发掘清理出400多座明代墓葬，其中出土的大量珍贵文物，就收藏在上海博物馆。1993年，肇嘉浜路原明代光禄寺少卿顾从礼家族墓地被发现，在顾定芳夫妇及其子顾从礼的墓室中，出土了大量金银玉饰、文献典籍、陶瓷绸缎、家具用品，这当中精美的玉器就有100余件（图1）。其中一件"银鎏金嵌宝镶松鹿绶带鸟牡丹纹玉饰霞帔坠"饰（图2），是六品诰命夫人——顾东川夫人的霞帔坠子，坠子长12.5厘米，宽11.0厘米，高2.0厘米，是放置在霞帔底部的装饰品。霞帔坠饰是用银片打成七边形的上部和六边形的下部，以两根短柱相接，框外边角处又饰珠纹。正面的上、下部中心处分别嵌有镂空透雕的松鹿纹玉饰和绶带牡丹纹玉饰，上面一块图案为松树梅花鹿，下面一块图案为缠枝牡丹和一对喜鹊，镶嵌有红色尖晶石和蓝宝石数颗。背面为模压的双凤牡丹纹，顶端有系。这枚坠饰的整体工艺水平和艺术性都非常高，令人赏心悦目。

　　霞帔又称"霞披""披帛"，形状宛如一条彩色挂带，是古代贵族妇女的一种披肩样服饰，因颜色艳丽如彩霞而得名。宋明时期，霞帔被定为命服，常与凤冠相配，一般仅限于受诰封的命妇或贵族女子使用。这件霞帔坠饰的主人来自明代上海著名的文化世家——上海顾家，她的儿子是明代上海名宦顾从礼。顾老夫人能享受死后身披霞帔下葬的荣耀，是因为他丈夫是嘉靖年间著名的御医、六品官员。而陪葬品如此丰厚，则与顾家世代读书从仕、名宦辈出有关。这从一个角度折射出了上海古代崇文重教的传统。

图 1 明 镶金嵌宝玉花首银簪、缀玉额带饰、金镶玉葫芦形耳环、
金镶玉童子耳环等陆氏墓随葬品（上海博物馆）

图 2 明 银鎏金嵌宝镶松鹿绶带鸟牡丹纹玉饰霞帔坠（上海博物馆）

沪上春秋

上海地区自宋元以来，尤其在明清时期，人才辈出、群星璀璨。明代上海所在的松江府已与苏州府等并为东南名郡，人称"苏松嘉湖，东南上郡"。

在唐末、两宋之际、南宋末年乃至元末这几个朝代更迭、世局变乱的历史时段，上海地区因其僻处海滨的位置，反而保有了难得的和平、安宁环境，从而带来了人口的大幅增长。松江之所以会在元代升县为府，就与当地人口数量大增密切相关，尤其是大量移民的涌入。这些移民不仅提高了生产力，也带来了更先进的文化，进一步推动了当地社会的发展。

经济方面，自黄道婆从海南回到松江，对此地的棉纺织技术进行革新传播后，松江地区的经济呈现出加速发展的态势。松江府以仅占全国0.6%的田地承担了全国4.14%的税粮，同时还是全国重要的棉纺织基地，所产棉纱棉布行销大江南北。至明中叶，松江已成为全国棉纺业中心，进而推动了这一地区手工业、商业、航运业、海上贸易和金融业的迅猛发展。到了明末时，这里已成为全国最发达的地区。

根据明正德年间的《松江府志》记载，宋元时期游寓于松江的文人名士颇多，其中不乏大家，如书画名家赵孟頫、文坛领袖杨维祯等。赵孟頫的妻子管道昇，一说是华亭县小蒸人，女儿则嫁到了上海费家。赵孟頫经常出入于松江南禅寺、普照寺及泖上的崇福寺，所经之处，都留下有书迹，为世人珍重。杨维祯在宦海沉浮多年后，会逢兵乱而携家寓居华亭。杨维祯游寓松江期间，对这里的文人士子影响很大。此外，还有王逢、黄公望、倪瓒、钱惟善、马麐、洪恕等当时知名文化人士也曾寓居于此。

　　经济的发展，文人的聚集，促进了上海地区兴学重教的风气。"吾松自唐而为县，至宋而始有学，一方风气亦以渐而开也。"元祐年间（1086—1093），华亭县学创设，虽落后于周围诸县，但到底开本地风气之先。"天禧间（1017—1021）有夫子庙而已，湫隘庳陋，旁不可为斋馆。后六十有五年，陈侯谥始欲兴学。邑人卫公佐、公望献县之东南地且自度殿材，为买国子监书以资诸生。如是数年，至今刘鹏始克就绪。学之成，其难也如此。"虽然此时的华亭县学条件极为简陋，但其意义不可谓不重大。元至元十四年（1277）华亭县升为华亭府后，县学也升格为府学。之后，又在府西南徐家桥东面宋代徐氏义塾旧址开设新的华亭县学。除了府学、县学之外，宋元时期松江府地区还有一些书院义塾。兴学重教，在此地蔚为风气，正如明初顾禄所云"松江一时文风之盛，不下邹鲁"。

　　上海地区文教事业崛起的一个重要标志，就是在科举方面成绩斐然。松江府地区在明代以前就已有116名进士，赢得了"华亭壮邑，业儒者众"的美誉，为上海地区奠定了人文基础。到了明清两代，松江府地区更是形成人文蔚起、科甲兴盛的局面，出了756位进士，其中包括4位状元，明末清初的松江文人吴履震就曾自豪地说："吾郡元魁继出，文献甲于天下。"这也揭示了上海地区已形成不少诗礼传家的文化望族。如修筑城墙的顾家、修建豫园的潘家、陆家嘴陆家等，都是上海历史上具有代表性的文化世家。

　　顾家的兴盛，发端于顾英。顾英（1434—1508），字孟育，号草堂。天顺三年（1459）举人，后任广南知府。其后代其中出现了多位有社会影响者，知名的有顾英的孙子顾定芳和重孙子顾从礼、顾从德、顾从义等。顾从礼擅长书法，曾经参加誊抄《永乐大典》，被嘉靖皇帝召到内廷讲书，官至太仆寺丞、光禄寺少卿，加四品服。在担任光禄寺少卿期间，顾从礼还做了一件与上海息息相关的大好事。嘉靖三十二年（1553），上海在一年内被倭寇接连侵扰多达五次。为此，上海官民决定筑城抗倭，而财力不够，顾从礼越权上书，请求朝廷拨款。同时，他还捐出粟米四千石，助力修筑小南门。按当时的计量单位折算，四千石就是今天的572928斤，基本上是光禄寺少卿十六年的俸禄。除此之外，他在县城内外主持修筑了多座桥梁。顾从德是金石收藏家，隆庆六年（1572），顾从德编辑《集古印谱》，是我国现存最早的印谱，也是是中国第一部以秦汉原印醮印泥钤拓的谱集，收录近3500枚古印。顾从义也雅好金石，曾摹刻宋拓本《淳化阁帖》十卷，刻工考究，为后世称道。

潘氏家族（图3）是明清时期上海地区的望族。上海县城中曾有一座贤科济美坊，就是为潘家的潘恩（28岁考取嘉靖癸未科进士）、潘

图3 明 潘氏墓出土木仪仗俑群

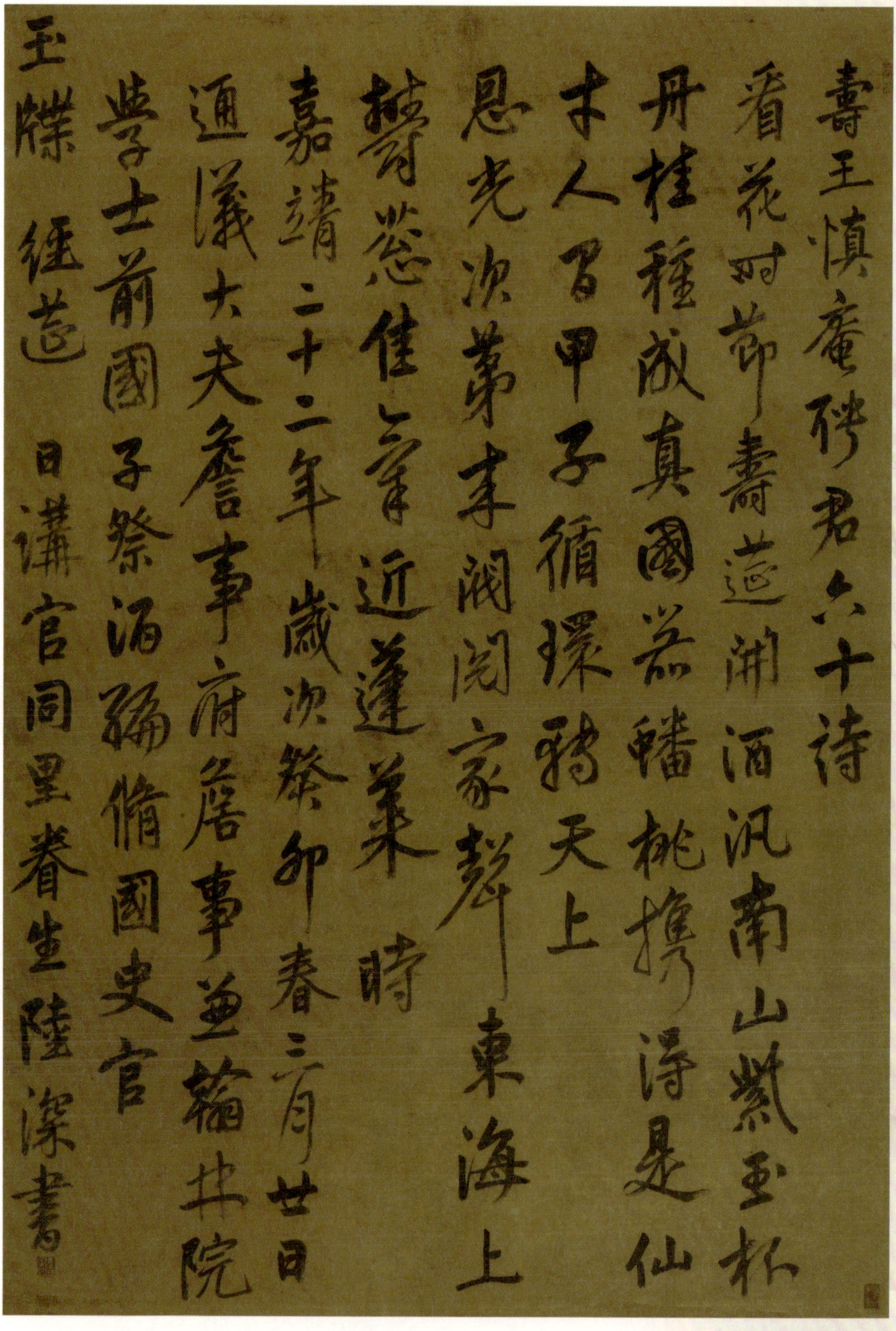

壽王慎庵僻君六十詩

看花時節壽莚開　酒泛南山紫玉杯

丹桂種成真國瑞　碧桃擷得是仙才

人習甲子循環頼天上

恩光次第孝閱家聲東海上

蓍蕊佳辰近蓬萊時

嘉靖二十二年歲次癸卯春三有廿日

通議大夫詹事府詹事兼翰林院

學士前國子祭酒俌國史官

日講官同里眷生陸深書

玉牒經邕

图4　明 陆深 行书《王慎庵六十寿诗轴》（上海博物馆藏）

忠（潘恩三弟，举人、刑部郎），潘允哲（潘恩长子、进士）、潘允端（潘恩次子、进士）等人而立。他们的不少子孙也以"录荫""例贡"而出仕。潘允端为了让父亲安享晚年，在上海县城内打造了著名的私家园林"豫园"，存留至今，成为上海历史文化地标之一。嘉靖年间，潘恩三子潘允亮也摹刻了宋拓本《淳化阁帖》十卷，与顾刻一同成为《淳化阁帖》的重要翻刻本。

浦东陆氏家族也是典型的文化世家大族。其代表人物陆深（1477—1544），是明代中期著名政治家、文学家、书法家。正德五年（1505），陆深考中进士二甲第八名，后任国子监司业，是上海建县以来首位翰林院学士，有二十一部著作被《四库全书》收录，如《俨山集》《古奇器录》，这在明代上海人中绝无仅有。陆深以文名世，一生著述宏富，并善书法，真、草、行各体无不擅长。上海博物馆藏有多幅陆深的书法作品（图4），其中有一件行书札卷（图5），系徐阶、陆深为蔡昂所书诗卷。三位都是上海地区的先贤，且均为朝廷重臣，从中也可管窥当时上海世家望族之间的交往。

浦东陆氏自陆深起至清末三百余年的时间里，科名一直代不乏人。较著名者有陆深之子陆楫，从孙陆明扬，玄孙陆钀、陆铠，从四世孙陆鸣珂、陆鸣球、陆鸣玉，七世孙陆秉笏及其子陆锡熊等等。其中陆锡熊（1734—1792）是乾隆二十六年进士，后任左副都御史，与纪昀同任《四库全书》总纂，厥功甚伟。20世纪六七十年代，陆氏墓葬在浦东被发现，出土各类文物一百余件（图6、图7），展现了陆家的家族传承与文化血脉，今天的陆家嘴也正因陆家生于斯、葬于斯而得名。

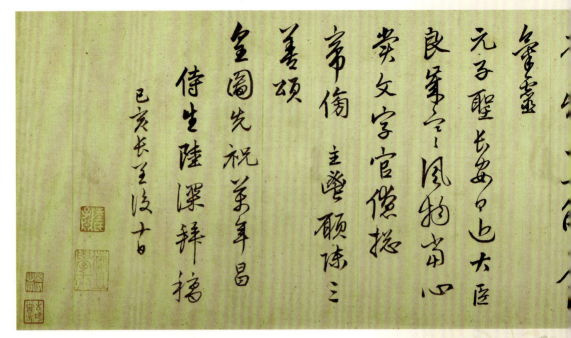

图5　明 陆深 行书札卷（上海博物馆藏）

图6　明 镶金嵌宝玉观音首银簪（掩鬓）陆氏墓随葬品（上海博物馆藏）

官寮燕集和芳

太守松舉重星

啟學寶江老先生

毅覽

吉之軍詞井尝更蒙物

過東府藍清籠百

年此會非常会一代

元正是永良山蜀遠

依主居曉月華書

費紫激修升陽正探

春風長文運庭随

國運昌

图7　明　双狮戏球纹金簪（分心—满冠）
陆氏墓随葬品（上海博物馆藏）

城市寻迹

　　孔子创立的儒家学说深深影响着一代又一代人的思维方式、道德规范和精神追求。孔庙，又称文庙、学宫，是祭祀孔子的场所，也是古代中国的官办学校。近千年来，从上海地区文庙走上科举之路的学子数不胜数。历史上显赫的科举成绩，已成为过眼云烟，但是在浦江大地上依然留存了三座文庙——嘉定孔庙、上海文庙、崇明学宫，昭示着昔日这片土地上浓郁的人文传统，赓续着文化血脉。它们不仅向世人展示出传播中国传统文化和培养优秀人才的独特功能，更为今人欣赏中国古典建筑提供了审美空间，让人们真切感受到我国古代能工巧匠的高超技艺和

图 8　嘉定孔庙

图 9　上海文庙

聪明才智，是上海深厚文化底蕴的直观体现。

　　嘉定孔庙：昔日上海市所辖十县中，以嘉定县孔庙规模最大，至今仍比较完整，其中的殿宇坊桥多为明清时所建，宏敞高大，颇有气势（图8）。始建于南宋嘉定十二年（1219），由嘉定县第一任知县高衍孙创建。从南宋到元代规模不断扩大，明、清又多次扩建，在当时是江南各县文庙建筑中规模较大的。格局为左学右庙，庙制部分原有大成殿、东西两廊、大成门、泮池、棂星门、仰高、兴贤、育才三坊、崇圣祠、名宦祠、乡贤祠、忠义孝悌祠、文昌阁、魁星阁等建筑；学制部分原有明伦堂、尊经阁、教谕解、礼门、儒学门等建筑。东南有当湖书院。建筑群占地1.8公顷，建筑面积1.1万平方米，是上海乃至长三角地区地区现存规格形制保存最为完好的孔庙。2013年被公布为全国重点文物保护单位。

　　上海文庙：上海县文庙是明清时上海县的最高学府（图9），是县中秀才读书深造之地。元、明、清三朝，上海县籍秀才考中进士踏上仕途的有279人，都是从这里走出去的。文庙始建于元至元三十一年（1294），至今已有七百多年的历史。期间，四经迁徙，现址文庙建于清咸丰五年（1855），占地十七亩多，为古代"左庙右学"建筑格局。建筑群包括文庙、学宫两条南北轴线上的院落以及东部的园林，主要建筑有棂星门、大成门、大成殿、崇圣祠、明伦堂、尊经阁、魁星阁等。整体建筑在1949年前已多有破坏，现存建筑在20世纪80年代以后经过修复，基本恢复历史面貌。现在是上海市中心著名的名胜古迹，上海市文物保护单位。

崇明学宫：崇明学宫始建于元泰定四年（1327），后随县治多次迁徙，现存崇明学宫建于明天启二年（1622），迄今已有四百多年的历史（图10）。现占地23.21亩，有东西牌坊、棂星门、泮池、登云桥、东西官厅、戟门、名宦祠、乡贤祠、大成殿、东西两庑、尊经阁、崇圣祠、儒学大门、仪门、明伦堂、学海堂、忠义孝悌祠、唐赵二公祠、沈忠节祠、瀛洲书院等明清时期的建筑。崇明学宫的学生在明代89次科举考试中考中举人31名，考中进士4名；在清代112次科举中，考中举人119人，考中进士32名。

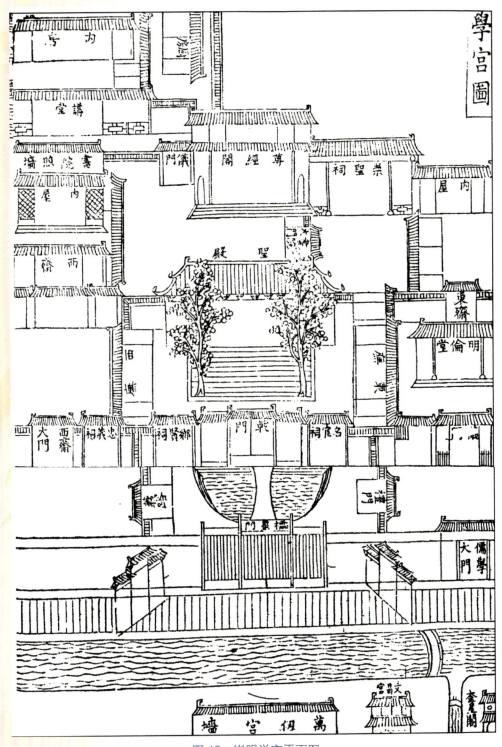

图 10 崇明学宫平面图

海派风貌

上海开埠后，受西学东渐影响，新学逐渐取代旧学，在全国首开近代教育。一批外国传教士在沪办学。清道光二十九年（1849），法国天主教耶稣会在上海创办教会学校圣依纳爵公学。光绪五年（1879），圣约翰书院创办，光绪二十二年设大学部，成为上海第一所高等学校。同治二年（1863），李鸿章奏准开设上海第一家中国人办的新式学堂——上海广方言馆，教授外语，兼授其他西学，培养新型科学技术人才。同治六年（1866），江南制造局开设机器学堂，同治十三年（1874）设操炮学堂。同治十一年（1872），官派第一批学生赴美留学就是从上海出发，开始中国的留学生教育事业。光绪四年（1878），第一所中国人办新式小学正蒙书院创办，参照外国办学制度，设置课程、发展学生组织、建立作息制度等，兼重德育、智育、体育。维新运动兴起后，近代教育进一步发展。光绪二十二年（1896），盛宣怀奏请开设新型学校南洋公学，设师范院、外院（小学部）和中院（中学部）、上院（大学部），形成三院一贯的新教育制度，成为国内大学、中学和小学三级学制的雏形，初步形成国人办小学到高校的普通教育体系。同时，民间办学进一步兴起，澄衷蒙学堂中学部、民立中学和南洋中学堂等一批私立学校相继创办。这一些列学校的开办，启发民智，使得上海的教育领先于全国各地，涌现出以蔡元培、陶行知、黄炎培、杨贤江、陈鹤琴、匡互生、俞庆棠等为代表的知名教育家。在明清科举辉煌、人才辈出的基础上，上海的近现代教育更是走在了全国前列，更以其特殊的城市地位，将其示范效应、辐射效应影响到全国。延续至今，由南洋公学而来的上海交通大学、肇始于复旦公学的复旦大学、德国人创办的同济大学，以及圣约翰大学校址上的华东政法大学，依然都是国内知名高校。

上海是中国近现代教育改革的先行者，也是教育思想的策源地，更是教育探索的园地和教育交流的窗口。上海以善于学习、兼容并包、务实有效、求新求变的精神，在近代教育上影响着全国。上海开埠以来，西方文明与中华传统在这里相互碰撞、相互交融。近代上海的迅猛发展、摩登繁华除了开埠、移民等外在条件外，也在较大程度上根植于宋元以来她的人文传统和开放宽容的城市精神。

行走实践

嘉定孔庙探寻

　　嘉定孔庙位于今嘉定区镇南大街183号，是嘉定区现存规模最大的古建筑群，也是上海市第二大古建筑群。

　　嘉定孔庙现存的建筑群大致分为东、西两片。西片以原孔庙大成殿为中心，东片以原县学明伦堂为主体。大成殿、明伦堂的梁架结构比较特别，它们都采用横跨六步架的大月梁，省去门前金柱两根，扩大内部空间，具有明代风格。如今，嘉定孔庙设有上海中国科举博物馆，相关内容陈列布展能让游客直观地领略古代考试制度与科举文化的发展历程。

上海中国科举博物馆

上海文庙探寻

　　上海文庙座落于具有七百多年历史文化底蕴的上海老城厢（文庙路215号），是上海中心城区唯一的一座祭祀孔子的庙学合一的古建筑群，是源远流长的儒家文化圣地。作为昔日古代上海县的最高学府，上海文庙如今已成为上海市民海派文化体验基地体验点之一，成为传承中华优秀文化的聚集地和传播上海老城厢文脉的策源地。

崇明学宫探寻

　　崇明学宫位于崇明区城桥镇鳌山路696号，是目前上海地区占地面积最大的一座孔庙，是上海市文物保护单位、上海市爱国主义教育基地，如今也是崇明岛上一个集历史、文化、旅游、展示于一体的窗口。

博物探寻

　　大家快前往上海博物馆，寻找明清上海相关的文物，拍照后再将它的特征记录下来吧。

博物探寻微卡片			
博物名称		所在展馆	
博物介绍			
器物特征			
个人感受			

书画千年：
海上韵致与创新

博物回响

2015年12月30日，"故宫上海博物馆中国古代书画藏品展"在上海博物馆拉开帷幕，掀起观展热潮。展览陈列的众多国宝中，有一件书法作品尤为令人瞩目，与上海的渊源也格外深厚，那就是被誉为"中华第一帖"的《平复帖》（图1）。

《平复帖》，西晋陆机书。纸本，手卷，草隶书，纵23.7厘米，横20.6厘米，9行86字。它是现存年代最早且真实可信的文人法帖，距今已有1700余年历史，在中国书法史上占有重要地位。书者陆机是西晋著名文学家，他的故乡在吴郡华亭，也就是现在的上海松江。

该帖因卷首"彦先羸瘵，恐难平复"数语而得名，是一封问候友人的手札。它用秃笔写在麻纸上，笔意浑厚、质朴，被北宋书法家米芾评为"火箸画灰"，字里行间透露出时代的苍凉与人情的温热。

该帖现藏于北京故宫博物院，长卷之上历代印章、题跋累累，展现出它的流传有绪。其中一段题跋出自陆机的"老乡"，明代云间画派的代表人物董其昌，他认为该帖"盖右军以前、元常以后，唯存此数行，为希代宝"。一卷咫尺之间，是跨越千年的乡贤发出的共鸣，也是上海书画文脉渊源有自而不绝如缕的印证。

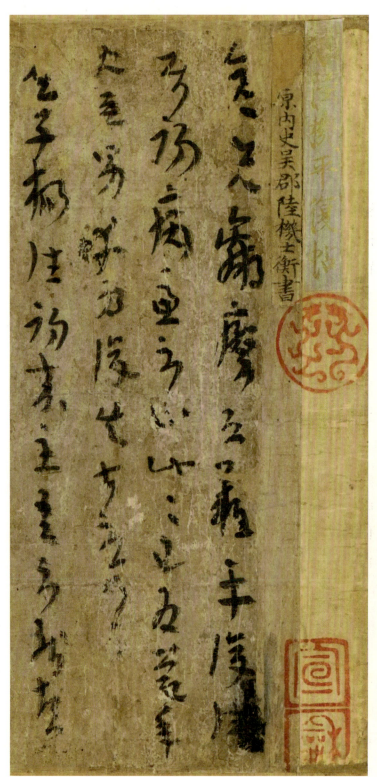

图1 西晋 陆机《平复帖》卷
（北京故宫博物院藏）

沪上春秋

"华亭"得名即源自陆机祖父、三国东吴名将陆逊所封的"华亭侯"。陆逊与同出吴郡顾、陆、朱、张四大士族之一的顾雍都擅长书法，后者更师从东汉蔡邕。而陆机与其弟陆云，在东吴灭亡后隐居华亭，读书十载。西晋太康十年（289），二人同至洛阳，文才倾动天下，时人称为"二陆"。《世说新语》记载，陆云与荀隐（字鸣鹤）初次相见时，自我介绍称"云间陆士龙"，荀隐对答"日下荀鸣鹤"。"云间"由此成为松江的别称。"八王之乱"时，在成都王司马颖帐下担任平原内史、后将军、河北大都督的陆机因讨伐长沙王司马乂兵败受谗，被司马颖杀害，陆云也连坐被处死。临刑时，陆机仰天长叹："华亭鹤唳，岂可复闻乎！"充满对故乡的眷恋。

除了书法，陆机对绘画也有独到见解。他在《演连珠》中论道："丹青之兴，比雅颂之述作，美大业之馨香。宣物莫大于言，存形莫善于画。"认为绘画与诗文一样，都能够承载社会、历史之大道。这是中国早期书画理论的代表之一。其弟陆云亦擅书（图2），其草书作品《春节帖》（一说为南唐人仿书）现藏于上海博物馆。

晋代的上海籍书法家还有顾荣与陆玩等，同样出自顾、陆之家。顾荣为顾雍之孙，字彦先，善草书。他与陆机、陆云同时入洛，并称"三俊"，有人认为他就是《平复帖》中提到的"彦先"。而陆玩则为陆机从弟，《宣和书谱》评价他"喜翰墨，尤长行书……其笔力瘦硬，有钟繇法，雅重而有典则"，并著录其行书作品《贺瑞星表》。至唐代，尚有四大书家"欧虞褚陆"之一的陆柬之，书先祖陆机名作《文赋》（现藏台北故宫博物院）。可以说，三国两晋之间的吴郡士族，为上海书法文脉培植了深厚的基础。

晋代之后，上海籍书法家寥若晨星，直至宋代才有所改观。北宋著名书法家米芾曾担任青龙镇镇监，在当地创作了《隆平寺经藏记》等作品；上海博物馆还藏有其行书《参政帖》《章侯帖》等（图3、图4）。

宋元之际，上海松江地区的书画艺术获得长足发展。松江是上海古代政治、经济、文化发展的中心，且处于画坛最活跃的区域——杭、嘉、湖、苏、锡往来之枢纽。宋末元初的代表画家钱选、高克恭、赵孟頫，以及"元四家"黄公望、吴镇、倪瓒、王蒙等，都在松江留下了创作与交往的印记。尤其元末张士诚据吴后，兵连祸结，松江以安定的社会环境与清幽的自然山水成为一处避世桃源，汇聚四方名家，将上海古代书画艺术推向高峰。

南宋皇室后裔赵孟頫的妻子管道昇，诗、书、画三绝，与东晋卫铄并称"书坛两夫人"，清代内府汇刻丛帖《三希堂石渠宝笈法帖》中收录其作品《与中峰帖》《与婶婶书帖》《与亲家太夫人帖》等。赵孟頫《松雪斋集》记载："天子命夫人书《千文》，敕玉工磨玉轴，送秘书监装池收藏。又命孟书六体为六卷，雍（按：赵、管之子）亦书一卷，且曰：'令后世知我朝有善书妇人，且一家皆能书，亦奇事也。'"赵氏夫妇时常流连于松江山水之间，留下了不少笔墨珍迹。如赵孟頫书《华亭长春道院记》《松江宝云寺记》碑等，均有拓片存世，所书《前赤壁赋》《后赤壁赋》石刻至今仍嵌于醉白池公园碑廊（图5）。《元史》评价他"篆、隶、真、行、草书，无不冠绝古今，遂以书名天下"。他的绘画开元代文人画风气，在五代、北宋南北两派即李成、郭熙与董源、巨然的基础上加以"省减"，又扬弃南宋画院习气，以倡导复古为契机转求革新，对同时及后世的画家影响尤巨。

图2 清《云间邦彦画像》陆机、陆云像

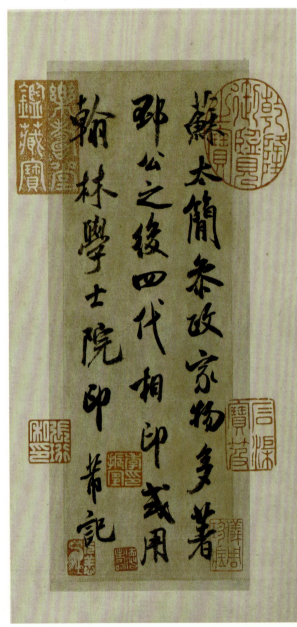

图3 北宋 米芾 行书《参政帖》页
（上海博物馆藏）

图4 北宋 米芾 行书《章侯帖》页
（上海博物馆藏）

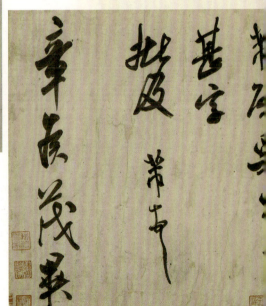

元代松江本地书画家任仁发、温日观、曹知白等，也颇受称道。任、温二人生活在元初，其画风既有南宋画院的细致，又受赵孟頫影响，在复古中求革新。曹知白以画雪景寒林见长，且以书法线条融入画笔，形成疏朗、坚挺而不失儒雅的书卷气，被后世评为真正形成了元代的成熟画风（图6）。其存世作品有《松林平远图》《溪山泛艇图》等。明代书画评论家何良俊认为："吾松善画者，在胜国时莫过曹云西，其平远法李成，山水师郭熙。"

以《富春山居图》名闻天下的画家黄公望是赵孟頫的外甥，亦时常客居、往来于松江，画风深受赵孟頫影响，且与松江画家曹知白等人交游、切磋，结下深厚情谊。至正九年（1349）正月，八十一岁高龄的他在松江九峰绘出《九峰雪霁图》，留存至今。

元末至正间（1341—1368），东南文士的"领袖人物"杨维桢迁居松江，前来求教、交游者络绎不绝，包括钱塘钱惟善、永嘉孙华、金华洪恕、黄岩陶宗仪等等，松江书画家群体又一次得到壮大。杨维桢本人的书法成就亦高，他最擅长的草书融合了汉隶、章草的古拙和二王行草的流韵，体现出鲜明个性（图7）。明代书家李东阳评价："铁崖（按：杨维桢，号铁崖）不以书名，而矫杰横发，称其为人。"杨维桢

图5 元 赵孟頫《前赤壁赋》《后赤壁赋》石刻（醉白池公园碑廊）

图 6 元 曹知白《清凉晚翠图》(上海博物馆藏)

与同时流寓松江、亦雅擅书画的钱惟善、陆居仁交谊密切，百年之后同
葬于干山（今松江天马山），后世并称"三高士"。

经历宋元时期的孕育、勃兴，到明代，上海地区的书画艺术已走在
全国前列，显著标志是"云间书派""云间画派"的诞生。

云间书派的形成与长期寓居松江的长洲（今苏州）书法家宋克有
很大关系。他是赵孟頫的再传弟子，他的学生陈璧则是云间书派的开创
者之一，擅长篆、隶、真、草各体，书风流畅快健，自成一家。后代的

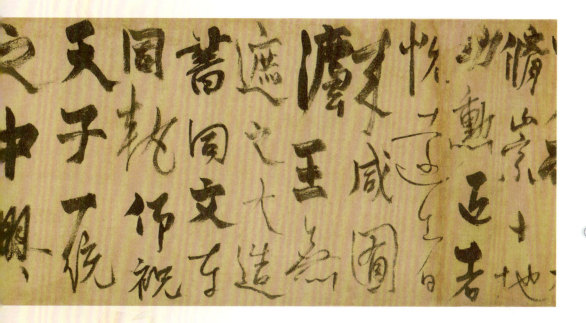

图 7 元 杨维祯《行书真镜庵募缘疏》(上海博物馆藏)

董其昌评价："国初书学，吾松尝甲天下，大抵源流于宋仲温、陈文东。"陈璧又培养了"二沈"兄弟等云间书派的早期代表人物。"二沈"中的沈度精于隶书、楷书（图8），书风雍容大度。明永乐皇帝尤其喜爱他的书法，盛赞为"我朝王羲之"，经常命他执笔朝廷文书。其弟沈粲则工草书，行笔圆健遒劲，时人评价他"学宋克而得钟(繇)体，大非其兄所及"。"二沈"不但对云间书派有开创之功，更引领了有明一代的"台阁体"。当时松江书法家还有朱孔阳、朱铨及张弼、张骏兄弟等，张弼的草书尤为著名，风格"怪伟跌宕"（图9）。他的两个儿子张弘宜、张弘至也都以善书闻名。这些早期书法家奠定了云间书派法度严谨、婉丽细致的风格。

　　云间书派在晚明时达到鼎盛，代表人物则有莫如忠、莫是龙、董其昌、陈继儒等（图10、图11），尤以董其昌为首。董其昌年少时求学于莫如忠，与莫是龙结为好友。他早年效仿颜真卿、虞世南，继而上溯到王羲之、王献之，并融汇参合了米芾、柳公权、杨凝式等人风格，终于

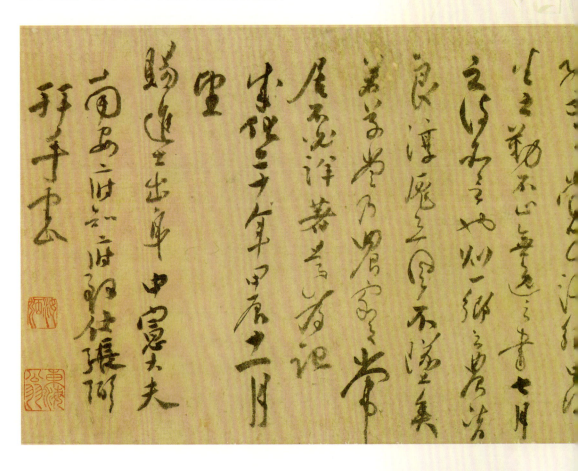

沈學士隸書

陸子方格言，留有餘不盡之祿以嶙朝廷，留有餘不盡之巧以嶙造化，留有餘不盡之福以遺子孫。沈度隸古

沈度字民則，華亭人，能文善書，書以婉麗勝。洪武中舉文學弗就，永樂累薦，雲南成祖即位以能書入翰林為帝兩欽重，凡金版玉冊皆命之書，擢檢討歷修撰遷侍講學士。

图 8 沈度 《隶书节录四留铭》（上海博物馆藏）

自成一家，风格"萧散疏秀、平淡天真"（图12）。董其昌还是书画理论家，有《画禅室随笔》，书画思想受佛法影响很深，浑融微妙，强调"运笔"和"用墨"。董其昌的书法影响范围甚广，《明史·文苑传》记载："其昌后出，超越诸家……名闻外国，尺素短札，流布人间，争购宝之。"清康熙皇帝崇尚董其昌书法，南巡松江时专门去了董祠，赐以"芝英云气"金匾，"董体"由此流行一时。

"云间画派"也是在广泛吸取宋元各家优秀传统的基础上形成的，至晚明而鼎盛。当时对于松江一带的画派名称和范围有多种说法，较为公认的，范围从大到小依次有苏松派、云间派、华亭派，分别以赵左、沈士充、顾正谊为代表。赵左以董源为宗，兼及黄公望、倪瓒，画

图 9 明 张弼《草书学稼草堂记》(上海博物馆藏)

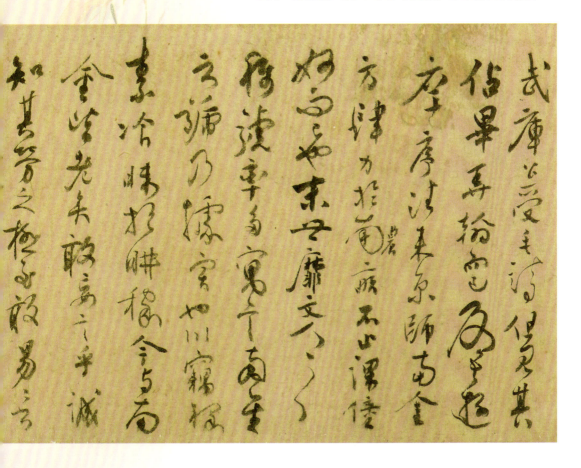

云山甚有韵致，流畅雅健，上海博物馆藏有他仿黄公望的《秋山无尽图》卷（图13）。而"云间派"之称出于明末姜绍书《无声诗史》对沈士充的评价："沈士充，字子居，松江人，写山水丘壑蓊葱，皴染淹润，云间画派，子居得其正传。"（图14）顾正谊则师法马琬及"元四家"，又开创了画风自然幽深的"华亭派"，被评为董其昌之前松江画家"最著名者"。

而三种画派的核心，还要推一代宗师董其昌。董其昌在中国山水画史上具有承先启后的独特地位。他以书入画，以禅论画，在创作和理论方面都达到了高峰。在创作上他提倡读万卷书、行万里路，在对大自然深入体验中提升艺术修养，《松江府志》评其画作"集宋元诸家之长，引以己意，论者称其气韵秀润，潇洒生动，非人力所及。"在画史理论上，他与莫是龙、陈继儒等同时代的松江画家共同倡导"南北宗论"，

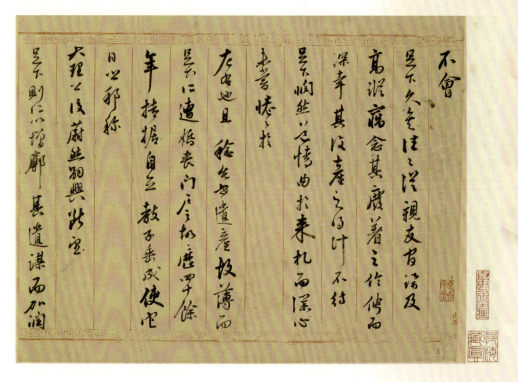

图10 明 莫如忠《行书致董宜阳札》（上海博物馆藏）

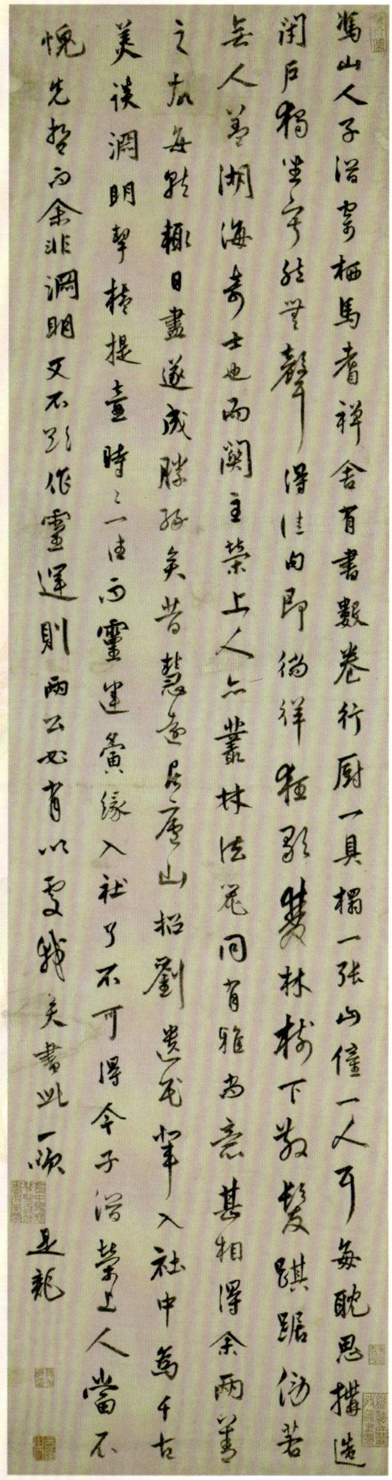

图 11 明 莫是龙《记冯山人事行书》轴
（上海博物馆藏）

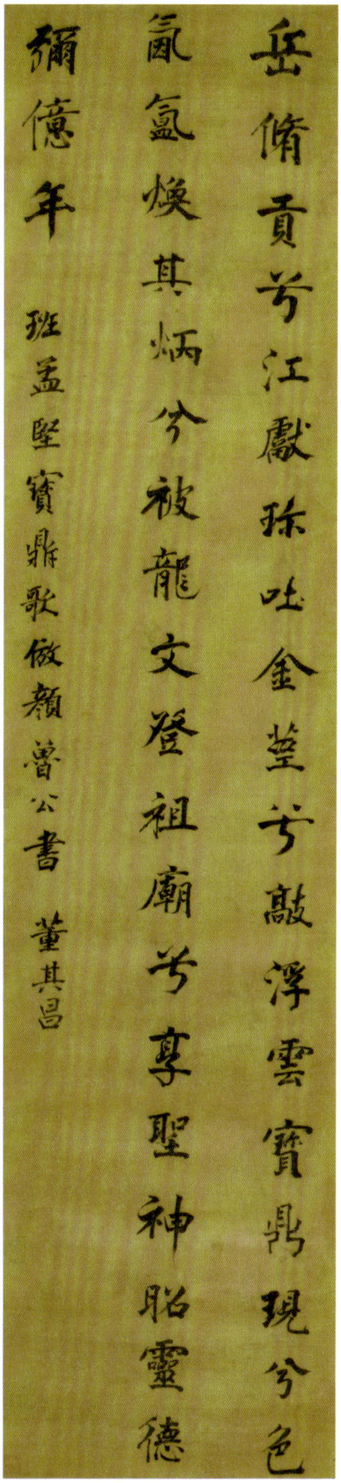

图 12 明 董其昌《行书宝鼎歌》轴
（上海博物馆藏）

图 14 明 沈士充 《长江万里图》卷（上海博物馆藏）

图 13　明 赵左《仿大痴秋山无尽图》卷（上海博物馆藏）

以"南宗"即写意山水为正脉，对后世中国画坛产生深远影响。在董其昌的引领下，明代晚期的山水画重心从苏州的"吴门画派"移到了云间画派，并得以再度振兴（图15）。

上海明代书画家除松江外，在嘉定等地也有聚集，如"嘉定四先生"程嘉燧、唐时升、李流芳、娄坚等。整个清代，上海书画艺术在继承明代松江、嘉定两地的传统上继续发展。云间书派到清代仍有余绪，影响较大的书家有张照、王鸿绪、钱大昕及其侄钱坫等。钱大昕精于汉隶，也是著名的金石学家。其侄钱坫的书法也得到很高的评价，《国朝先正事略》称他"小篆不在李阳冰、徐铉下，晚年右体偏枯，左手作篆尤精绝伦。"学者翁方纲、孙星衍等也盛赞之。云间画派在清代的传人则有顾大申、陆灏、沈宗敬、张照等。此外还值得一提的是在松江安家的西域人改琦，擅长人物、山水小品，所绘《红楼梦图咏》48幅，是版画中的珍品。由此也可看出上海绘画自传统走向近现代创新的端倪。

图 15　明 董其昌《溪山雨意图》轴
（上海博物馆藏）

城市寻迹

小昆山

小昆山是松江"九峰"最南端的一峰，海拔54.3米。陆机《赠从兄车骑诗》有"仿佛谷水阳，婉娈昆山阴"句，又潘尼《赠陆机出为吴王郎中令诗》云："昆山何有，有瑶有珉。及尔同僚，具惟近臣。"可知陆机、陆云在华亭时居于小昆山。梁武帝时曾设昆山县治于此。唐朝天宝年间（742—755），县治迁到今江苏省昆山县，后人为加区别，就将位于松江的昆山称作"小昆山"。

小昆山间古迹累累。古有"二陆宅"，北宋梅尧臣《过华亭》诗提到"欲问陆机当日宅，而今何处不荒芜"。明代陈继儒建婉娈草堂祭祀二陆，董其昌为之绘《婉娈草堂图》。清朝诗人诸嗣郢在二陆祠内加奉三高士（杨维桢、钱惟善、陆居正）、陆应阳、陈继儒等五人像，遂改称七贤堂。又有高台一处，名为"二陆读书台"，有"凌云""夕阳在山"等摩崖石刻，后者末署"子瞻"二字，疑为苏轼所书。

又山顶曾有三国吴征北将军、海盐侯陆祎墓；北峰曾有南宋所建江南名寺泗州塔院并慈雨塔，清康熙皇帝南巡时赐御书"奎光烛汭"匾额；山后曾有祭祀明户部尚书、治水专家夏元吉的夏忠靖祠，及清代松江藏书家张允垂家族的张氏宗祠等。这些见于史籍的古迹今已不存。

明末抗清英雄夏允彝、夏完淳父子墓也坐落在小昆山脚下的荡湾

图 18 "夏允彝、夏完淳父子之墓"碑

村。清兵攻破南京之际，夏氏父子与好友陈子龙共同起兵抗清。战败后，夏允彝在今华田泾支流居地松塘投水殉节。其子夏完淳和陈子龙继续抗清，被捕后痛骂降将洪承畴，慷慨就义。尸身由友人运至荡湾村，葬于夏允彝之侧。1961年重修该墓，陈毅亲笔题写"夏允彝、夏完淳父子之墓"碑，至今完好（图18）。

醉白池

　　醉白池是江南著名古代园林，上海五大园林中历史最悠久的一座。其地最初为北宋松江籍进士朱之纯的私家宅园——谷阳园，借用了陆机诗句"仿佛谷水阳"而命名。明代晚期，大书画家、礼部尚书董其昌在园内建造了"四面厅""疑舫"等，与友人流连其间，觞咏挥毫。明末清初，园林池沼毁于兵火。至康熙年间，书画家、工部郎中顾大申重建，因仰慕白居易，取其号"醉吟先生"及诗作《池上篇》而将此园命名为"醉白池"。

　　醉白池以江南园林特有的匠心布局与亭台楼阁为人称道，然而印嵌在其中的书画、牌匾、碑刻，更为之增色许多。池上草堂内的"醉白池"匾额（图19），为著名画家程十发所题。池之东北，董其昌建造的四面厅至今犹存，厅内还悬挂着董题"临世濯足，希古振缨"竹刻对联。园内的《韩范先声碑》也是董其昌手迹，歌颂宋代名臣韩琦、范仲淹。东面长廊间，有赵孟頫书前、后《赤壁赋》碑刻，行书字体刚劲而俊逸，堪称镇园之宝。池南的回廊壁间嵌有清代徐璋绘制、光绪年间（1875—1908）刻石的《云间邦彦画像》，镌刻徐光启、徐阶、董其昌、陈子龙、夏允彝夏完淳父子等91位明代松江闻人名士的画像和赞词。碑列前端有松江府同知何士祁题"邦彦画像"四字，后有邑人黄之隽草书序、徐璋隶书跋。画像线条流畅精细，兼具史料与艺术价值，是宝贵的上海地方文化遗

图 19 程十发所题"醉白池"匾额

产。黄之隽还撰有《醉白池记》，仇炳台有《醉白池后记》，均刻诸碑石。池西的雪海堂也颇有故事：民国元年，孙中山先生来松江视察，曾在此处演讲。20世纪20年代初，著名书画家张大千先生寓居松江禅定寺，常到醉白池休闲、作画。有一年，内地遭遇水患，松江画家发起赈灾活动，在醉白池乐天轩前当场作画义卖。张大千先生以雪海堂前盛开的腊梅入画，绘就一幅《寒梅踏雪图》，围者纷纷称绝。最终这幅画以二百两白银的高价被人买下，为赈灾立了一功，也就此传为佳话。

海派风貌

　　1843年上海开埠之后，中西文化在此碰撞、交融，带来物质文明和精神文明的巨变。许多文人墨客为躲避时局，或谋求发展，纷纷前来上海。如任伯年、沈曾植、吴昌硕、张大千、溥心畬、吴大澂等名家，都曾在上海寓居。他们以扎实的传统书画功底和开放的思想、鲜明的个性，推动了海派书画的形成和发展。

　　海派书画的显著特征，一在职业性，二在开放性。开埠之后的上海商业气息浓厚，一批卖字鬻画的书画家带动了上海书画向现代职业方向发展。如赵之谦、虚谷、"三任"、"三熊"等，虽然主要路数还是传统的文人画，但出于迎合上海华洋杂处的"市场需求"，几乎都练就了各画科、技法全能的功夫。上海书画艺术由此再度走在时代的前沿，向内突破传统，向外吸取滋养。徐悲鸿、刘海粟、林风眠、丰子恺、关良、丁衍庸、黄宾虹等近现代名家纷纷参与革新，使得除了传统的中国画外，漫画、宣传画、年画、连环画等新形式在上海滩上百花齐放，开拓了现代中国美术的视域和境界。他们还促成上海率先发展出了画馆和美术学校等职业美术教育。除西方教会开办的土山湾画馆外，还设立了上海美术专科学校等，培养了一批有志于艺术探索的青年，从上海走出国门，去留学或考察西洋美术。

　　1949年，上海的解放和中华人民共和国的成立，为上海书画艺术开辟了新的天地。1950年，上海成立了新国画研究会。1960

年6月20日，上海中国画院成立，一些著名的书画家，如沈尹默、白蕉、李健、王福庵、张叔通、汪东、马公愚、陈巨来、叶露园、翁闿运，以及一些画家又兼擅书法者如沈迈士、张聿光、王个簃、刘海粟、伍蠡甫、吴湖帆、唐云、钱瘦铁、贺天健、谢稚柳、陆俨少、程十发、朱屺瞻、沈子丞、来楚生、应野平、刘旦宅等被聘为画师。新国画研究会和上海中国画院的成立，推动了上海地区书画艺术在"中国特色"的道路上持续进步与繁荣，要求中国画题材要与现实政治、生活相结合，使之从古老的民族传统和技法根基焕发出新的活力。

行走实践

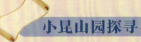

小昆山园探寻

小昆山园是一座具有深厚历史文化积淀的山林公园，位于松江区西北的小昆山镇，隶属于佘山国家森林公园，1999年12月起对外开放。

园区借重小昆山自身浓厚的历史人文资源，以"玉人生此山，山亦传此名"的"二陆"文化为主题，修复、重建二陆读书台、二陆草堂、九峰寺、蜿蜒草堂、白驹泉、七贤堂等景观。小昆山镇相关部门梳理、发掘出新"小昆山十景"，为前来此地抚今追昔的游客提供了更加系统与美好的历史文化体验。

醉白池公园探寻

醉白池公园位于松江区人民南路人民桥东北。1958年，松江县人民政府接收了历经战火的古典园林醉白池，辟为人民公园，面向社会公众开放。1979年，恢复"醉白池"原名。

2012年，松江区开展"中国书法名城"创建工作，创建"醉白池书法公园"，以"打造书法名园，提升公园文化品牌"为目标，深入挖掘松江书画文化资源。

2014年，松江区委、区政府决定在醉白池公园内兴建董其昌书画艺术博物馆，2018年12月建成开放，面向公众展示董其昌书画艺术和中国传统书画艺术，同时致力于展开董其昌及中国书画理论、松江历史文化等方面的整理研究，赓续和弘扬"上海之根"的江南文化命脉。

博物探寻

大家快前往上海博物馆东馆，找找上海书画家的作品吧，拍照后再将它的特征记录下来吧。

博物探寻微卡片		
博物名称		所在展馆
博物介绍		
器物特征		
个人感受		

博物探寻微卡片		
博物名称		所在展馆
博物介绍		
器物特征		
个人感受		

锦绣乾坤：

巧夺天工与审美

博物回响

　　2018年初央视综艺频道播出电视节目《国家宝藏》第一季第七集，介绍上海博物馆选送的三件"镇馆之宝"文物故事，其中一件来自上海本土，那就是南宋云间（今上海市松江区）女工艺师朱克柔的缂丝作品《莲塘乳鸭图》（图1）。

　　这件作品画幅纵107.5厘米，横108.8厘米，全幅以彩色丝线缂织而成，在古代缂丝作品中鲜有其匹。图中左面是一块青色太湖石；画面中央，一对绿头鸭悠游池上，公鸭引吭而母鸭相随，仿佛刚从石后转出。下方一对乳鸭依偎在公鸭身侧，身量虽小而翎羽毕现。乳鸭左侧有一双白鹭望向右边，右上角还有翠鸟、蜻蜓、燕子各一（据专家推测为作品上方遭到裁切）。画面周围有莲荷、慈菇、萱草、芦苇等水生植物点缀，表现当时季节为春末夏初。花卉并蒂结子、禽鸟成双携幼，寓意万物生长，和顺美好。整幅作品生动写实，极尽工巧，体现了南宋画院风格臻于顶峰的艺术境界。

　　缂丝，也称为"刻丝""克丝"或"剋丝"，因采用"通经断纬"手法使画面条块清晰如雕刻而得名。正如南宋庄绰在《鸡肋篇》中所描述的："以小梭织纬时，先留其处，方以杂色线缀于经纬之上，合以成文，若不相连，承空视之，如雕镂之象。"如此织就的缂丝作品色泽、纹样可随意变换而不重复。纬线的回环，还可使作品画面正反如一，取得类似"双面绣"的效果。这些正是缂丝与其他织法迥异的鲜明特色。

　　南宋的缂丝在"通经断纬"的基本特性上，发展出了"长短戗"的

图1 南宋 朱克柔 缂丝
《莲塘乳鸭图》（上海博物馆藏）

技法，即通过不同颜色丝线的长短交织，使色彩自然过渡，营造出如绘画中"晕色"的效果，这也是深受当时"没骨"画风影响的一种表现。这种技法要求工匠有高度的绘画艺术修养与极强的控丝合色能力，非常人能及。而作为南宋缂丝工艺代表性人物的朱克柔，更独创了"合花线"技术，即将不同颜色的丝线合股，通过合股丝线密度的变化，产生凸凹有致的立体效果，使画面更为逼真。

《莲塘乳鸭图》中，合花线与长短戗技法融合运用最为典型的便是那块太湖石，形态上充分体现了"透、漏、皱、瘦"的特点，色泽上浓淡渐变极为自然，仿佛有光影穿梭其间。朱克柔自身可能也颇为得意，特地在石上织出题款"江东朱刚制莲塘乳鸭图"款并"克柔"朱文印。

朱克柔的缂丝作品在南宋时便举世闻名，为达官名士争购，宫廷中也多有收藏。传闻宋徽宗还亲自在她的《碧桃蝶雀图》上题诗："雀踏花枝出素纨，曾闻人说刻丝难。更知应是宣和物，莫作寻常尚绣看。""朱缂"作品流传至今的只有七幅，《莲塘乳鸭图》无疑是其中的翘楚。它打破了丝织工艺与水墨绘画间的壁垒，从丝织工艺方面代表了江南文化的极致成就，更体现了中国古代艺术与自然的浑融无界、天人合一。

沪上春秋

上海是江南织绣工艺的重镇之一，在历史上涌现出多种代表性工艺，以兴起时代为序，有缂丝、蓝印花布、顾绣等。

缂丝工艺起源于西域，大约在唐代传入中原。北宋洪皓在他金国游历笔记《松漠纪闻》中提到："回鹘自唐末浸微，本朝盛时，有入居秦川为熟户者，……又以五色线织成袍，名曰剋丝，甚华丽。"当时，缂丝技艺已传入宫廷内院，在官府设立的少府监文思院四十三作坊中，就有"克丝作"。克丝作中织就的缂丝作品，除了装饰衣物外，还有装裱书画的包首等，这促进了缂丝由装饰纹样向绘画艺术过渡，逐渐出现院体画风格的花鸟题材。两宋更迭，皇室南渡，缂丝工艺遂传至江南，在苏、浙地区发展到高峰。南宋时，松江已作为缂丝工艺的两大中心之一闻名全国，即所谓"北有定州，南有松江"。当时的缂丝名家辈出，而以朱克柔为翘楚。清人安岐的书画录《墨缘汇观》中著录了她的名作《莲塘乳鸭图》，并传其人："朱克柔，以女红行世，人物、树石、花鸟，精巧疑鬼。工品价高，一时流传，至今尤为罕见。曾此尺帧，古淡清雅，有胜国诸名家风韵，洗去脂粉。至其运丝如运笔，是绝技，非今人所得梦见也，宜宝之。"盛赞了她鬼斧神工般的技艺与清雅洗练的艺术追求，也道出朱克柔的作品在清代已成为稀世之珍。

蓝印花布也被称为"药斑布"或"浇花布"，它的制作技法是在布上用灰药绘制花纹，再把布匹整体染成靛蓝色，待晾干后，去除灰药，布上即呈现出蓝白相间的图案。经现代研究得知，所谓"灰药"是用石

图2 黄道婆画像

灰、豆粉、明矾和水调制而成，而靛蓝染料则是清热之药"板蓝根"。因此，这种工艺也被称为"灰缬"或"蓝染"，便捷高效，物美价廉。当时的蓝印花布主要用作衣服、帷幔等，但因布料主要是麻、葛之类织成的粗布，染就的花纹也比较粗糙。

元代，松江乌泥泾（今上海徐汇华泾）人黄道婆从海南崖州黎族人处带回木棉良种、纺织工具（图2），改革了从碾籽、弹花、捍条到纺纱、织布等一整套纺织工艺的技术和流程，在松江广为传授，从而较旧工艺"功利数倍"。黄道婆还改装了织布机，将复杂的错纱、配色、综线、絜花等技术传授给松江妇女。当时乌泥泾出产的纺织品，有折技、团凤、棋局、字样等花纹图案，花样奇巧，色泽"粲然若写"，"乌泥泾被"成了闻名全国的珍品。由此"松江之布，衣被海内"，也使得蓝印花布工艺有了向精细化、艺术化发展的基础。其后，蓝印花布的图案日趋繁复、变化，如花鸟、楼台、人物甚至诗词文字等等，均可上染，纹样细腻，色泽鲜明。松江也就此成为当时全国最著名的手工纺织中心，蓝印花布远销北京、山西、陕西、江西、湖北等地。蓝印花布具有透气、柔软，不易褪色或霉蛀的特点，适合江南温润多雨的气候。素净、雅致的蓝印花纹，逐渐成为江南地区一种具有标志性的文化符号和艺术元素。上海博物馆藏有一条清代的麒麟送子纹蓝印花布被单（图3），由三幅蓝印花布缝合，周围图案以绵延不断的藤蔓以及蝴蝶、南瓜纹饰象征

"瓜瓞（蝶）绵绵"，中心一团如意祥云围绕着牡丹花和石榴果，并有一幅麒麟送子图。整幅被单工艺细腻精致，色泽蓝白分明，具有很高的审美价值，也体现出蓝印花布已不仅是百姓日常用品，更成为承载着美好寓意和祝福的艺术品。

顾绣又称"画绣"，以画中的山水、花鸟、人物等作为摹本，绣绘结合，以绣代画，是它的最大特点。顾绣将明代"松江派"的画理融入绣技，运丝如笔，针法繁复，又间以淡彩晕染，颇具绘画之神韵。从技法上说，顾绣有"三绝"：一绝丝如发，一根丝能够被劈成三十二份；二绝针如毫，针尾细度不到1毫米，且

图3 清 麒麟送子纹蓝印花布被单
（上海博物馆藏）

运针技法多变，有施、搂、抢、摘、铺、套等数十种；三绝配色有秘传，多运用中间色、晕色，使色级和色阶更多，作品色泽自然、层次丰富，甚至能够将中国画中"焦、浓、重、淡、清"的墨色用丝线体现出来，力求逼真于原稿。由这"三绝"形成被社会公认的鲜明风格，被称为"顾绣"或"露香园顾绣"。

顾绣因明嘉靖年间松江府进士顾名世家族的女性眷属创造、发展和推广而得名。顾名世致仕后定居上海，晚年在今老城厢附近筑露香园，为人洒脱，雅好文艺。在其影响下，顾府的女眷们也钟爱丹青，精于女

图4 明 缪瑞云《竹石花鸟人物合册》其一
（上海博物馆藏）

红，尤其擅长刺绣。她们深受云间画派的熏陶，选择高雅脱俗、直追古风的画幅作为蓝本，用通过刺绣加以临摹，在作品中将诗、书、画、印结合起来。古典文学名著《儒林外史》《说岳全传》等都有关于顾绣的记载。

据考证，顾绣的第一位名家为顾名世长子顾箕英的妻子缪氏。清代松江状元戴有祺作诗赞美缪氏刺绣："须眉老少各不同，笑语欢然并超忽……清莲花下扬灵旗，微风过处欲飘举。"并加注："上海顾绣始于缪氏。"上海博物馆藏有缪氏作品《顾绣竹石花鸟人物合册》（图4）。

而顾绣名家中造诣最高的当属顾名世次孙顾寿潜的妻子韩希孟。她自称"武陵绣史"，工花卉，摹绣古今名画得其神韵。她将画理融合于刺绣之中，以针代笔，以线代墨，熔画、绣于一炉，且注重对自然界的观察，色彩运用十分逼真。董其昌极为推崇韩希孟的刺绣，他为韩氏"覃精运巧，寝寐经营"而摹绣的宋元名迹八幅册页的每一幅都题写了赞诗，又跋曰："韩媛之耦，为旅仙，才士也。山水师予，而人物、花卉尤擅。水寒之誉，绣彩绚丽，良丝点染精工，遂使同侪不能望其颜色。……望之似书画，当行家迫察之，乃知为女红者。人巧极，天功错。奇矣！奇矣！"上海博物馆也藏有韩希孟《花卉虫鱼册》四开（图5）。

　　韩希孟之后的著名绣手为顾名世的曾孙女顾玉兰，入清嘉庆《松江府志》。顾玉兰24岁丧夫，为守节抚孤，最初以卖顾绣糊口，后名气渐响，设帐授徒历三十余年，对顾绣技艺的传播起到很大作用。受她的影响，周围城乡的许多妇女习都以顾绣为营生，形成一定规模，有"百里之地无寒女"之说。达官显贵、富商巨贾也争相购藏顾绣珍品，使顾绣身价倍增。

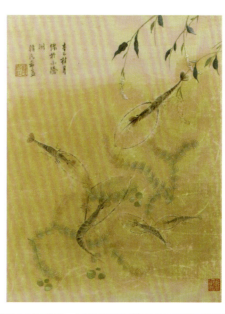

　　清道光年间（1821—1850），松江刺绣名家丁佩不但精于刺绣，且深谙绣理，著有《绣谱》二卷，分择地、选样、取材、辨色、程工、论品六篇，是中国刺绣史上第一部技艺专著。此外还有邵琨、薛芳等刺绣工艺师，也为时人所重。

图5　明 韩希孟《花卉鱼虫册》（上海博物馆藏）

城市寻迹

黄道婆纪念馆

元代纺织名家黄道婆之墓位于徐汇区华泾镇东湾村。黄道婆"教民纺织，棉始为布，化行若神，法流松太"，推动了松江棉纺织业乃至江南经济的发展，为乡里所崇敬。她去世后，乡民为之举行公葬，建冢立碑、修造祠堂、供奉塑像。然而此后历代，墓地未见整修，至解放时已成荒塚一抔，难以辨认。

1957年，人民政府组织修葺黄道婆墓，加高坟台，加设石凳、供桌，镌石立碑。1962年重修，立汉白玉石碑，由时任华东局书记魏文伯题"元黄道婆墓"，四周遍植松柏、冬青。1984年，黄道婆墓被列为上海市文物保护单位，并得到重新修整，围以花富滴瓦围墙，四周种植松柏、黄杨、盘槐、罗汉松等树木，墓台以青砖铺地，整个墓地简洁、素朴、庄重。

2003年，在黄道婆墓的基础上扩建黄道婆纪念馆，为园林式馆。2019年闭馆重新修葺，2020年10月15日正式开馆。纪念馆设有展示厅，通过丝路女儿、技术革新、先棉鼻祖等板块，宣扬黄道婆精神的现实意义和当代价值。走进展厅，"衣被天下"四个大字悬挂在数幅蓝印花布中，十分醒目。展厅内部陈列着古旧的纺车、棉线、棉花等实物，并通过多种手段展示捍、弹、纺、织、染等技艺，通俗而形象地展示了黄道婆的生平以及经她改良的棉纺织染技术成就。

海派风貌

缂丝、顾绣等曾经闻名全国的精湛技艺，因其工序复杂，工时浩大，产品价格也十分高昂，在清代康乾盛世之后，已随着经济的衰落而逐渐式微，到了晚清民国则几乎失传。1949年中华人民共和国成立后，在党中央"保护、提高、发展"方针的指引下，人民政府对工艺美术进行了一系列挖掘、恢复和发展工作。

缂丝工艺首先在苏州吴县等地逐步恢复生产。20世纪七八十年代，随着改革开放的步伐，缂丝品外销需求猛增，工匠数量也逐步扩大，推动了缂丝技艺的传统恢复与当代革新。2009年9月，缂丝作为中国蚕桑丝织技艺入选世界非物质文化遗产。

20世纪70年代，松江工艺品厂响应周恩来总理关于挖掘、发展中国传统工艺美术品的指示，于1972年底开始筹备恢复顾绣艺术，聘请30年代在松江"松筠女子职业学校"学过顾绣技艺的戴明教师傅收徒授艺。1978年十一届三中全会后，松江工艺品厂成立顾绣组，全面恢复了对顾绣的研究、传授与生产。此后，松江顾绣艺人不断创作出精美绝伦、雅韵欲流的顾绣新作。这些作品不但在技法和意韵上一脉相承顾绣正宗，而且在选稿、用料、用针、用线、设色等方面有新的突破，如劈丝细度由原36股增为48股等。因此，这些作品屡屡获奖，并得到社会的支持和认可，以至走出国门，受到中外人士的关注和青睐，远销世界各地。

四百多年来，顾绣以技法精湛、形式典雅、艺术性极高而闻名于世，是上海地区的文化艺术瑰宝。2006年，顾绣被列入第一批国家非物质文化遗产名录。

黄道婆纪念馆探寻

黄道婆纪念馆位于徐汇区徐梅路700号，2003年3月建成开放。占地面积3750平方米，展示面积300多平方米。

黄道婆纪念馆由黄道婆墓扩建而成。院落中央矗立着两米多高的黄道婆塑像，主体建筑为仿古庙宇式，内设三个展厅。主展厅展示了黄道婆一生的经历，以及她改良革新的擀、弹、纺、织等技术。左展厅主要陈列着30多件纺织工具，有元代皇家纺纱机和明、清近代各种纺机等。右展厅陈列的是从清初到民国近三百年间的各类纺织品。馆内共藏有文物展品200余件（套）。

黄道婆纪念馆

此外，左右厢房各有4幅石刻图像，展现了从棉花种植到织染成布完整作过程，该图原本为清乾隆年间直隶总督方观承绘制并献与乾隆皇帝。

博物探寻

大家快去探寻上海博物馆东馆，找到织绣作品，并把自己的观察记录下来吧。

博物探寻微卡片			
博物名称		所在展馆	
博物介绍			
器物特征			
个人感受			

第四单元 世界都市与中西交汇

上海为什么叫"魔都"？大概有几种解释：一是旧上海被称为十里洋场，这里被认为是处处有商机，遍地是黄金，许多外地人甚至外国人都想来上海闯荡一番。因此，被认为是"魔都"；二是"魔都"这个词的发明者是一个日本作家——村松梢风，他的代表作就是《魔都》一书，书中描写了20世纪初的上海，记录了这段时间内他在上海的种种体验，这也是上海第一次被称作魔都。现在上海人眼中"魔都"少了一份妖魔化，只是作为"摩登都市"的简称在使用。不管是何种解释，可以看出近代上海之所以被称为"魔都"，都是中西交流的结果。

近代上海是一个中西交汇的城市，融合了中西文化的特点，形成独特的海派文化和红色文化。上海是中国共产党的诞生地和初心始发地，经历了波澜壮阔的革命、建设、改革历程，红色文化始终贯穿于上海现代化发展的全过程。在这个繁华的城市里，中西文化相互融合，碰撞出不可思议的火花。

新变之义：
西风东渐与创造

博物回响

上海博物馆馆藏有明代科学家徐光启所著的《农政全书》（图1）。徐光启（1562—1633），字子先，号玄扈，明朝上海县（今上海市）人，是中国古代著名的科学家、教育家、翻译家和农学家，被誉为"东方的伽利略"。他精通天文、数学、地理、农业等多个领域，是明朝中期科学技术的代表人物。徐光启曾同耶稣会传教士利玛窦等人一起共同翻译了许多科学著作，如《几何原本》《泰西水法》等，成为介绍西方近代科学的先驱。

《农政全书》成书于明朝万历年间（1573—1619），基本上囊括了中国明代农业生产和人民生活的各个方面，而其中又贯穿着一个基本思想，即徐光启的治国治民的"农政"思想。全书共60卷，内容包括农业、水利、蚕桑、种植、畜牧、林业、渔业等多个方面，是中国古代农业科技的全面总结。书中详细记载各种农作物的种植方法、农业生产技术、农业管理制度等内容，反映了当时中国农业的科学水平和社会经济状况。《全书》被称为"中国古代五大农书"之一，集前人农业科学之大成，总结了清代之前的农业科学技术。

《农政全书》具有很高的现代价值，是中国古代农业科技的宝库，为现代农业科技发展提供了宝贵的历史遗产。他把中国历史上从春秋到元朝所记载的111次蝗灾发生的时间和地点进行了分析，发现蝗灾"最盛于夏秋之间"，得出"涸泽者蝗之原本也"的结论。他还对蝗虫的生活史进行了细致的观察，并提出了防治办法。它反映了中国古代农民的

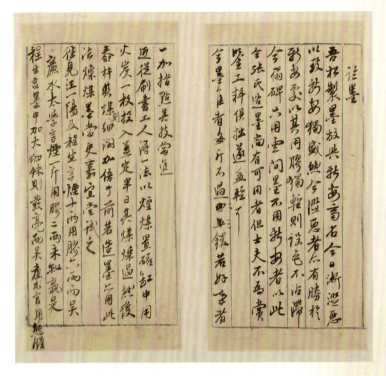

图1 明 徐光启《农政全书》（上海博物馆藏）

生产生活状况，为研究中国古代社会经济史提供了重要的资料。徐光启摘编前人的文献时，并不是盲目追随古人，卖弄博雅，而是区分糟粕与精华，有批判地存录。对于一些迷信之流，往往阙而不录，对于已收录的文献，也多采用"玄扈先生曰"（即今日之编者按）形式，或指出错误，或纠正缺点，或补充其不足，或指明古今之不同，不可照搬，"著古制以明今用"。它蕴含着科学精神和创新精神。人们阅读《农政全书》不仅能够了解有关古代农业的百科知识，还能够了解一个古代科学家严谨而求实的大家风范。

沪上春秋

晚明时期，上海开始崭露头角，纺织业和港口贸易逐渐兴起。清代前期，上海港口地位提升，成为全国性的贸易港口城市。随着西方列强的入侵和租界的划定，晚清时期的上海开始接触并吸收西方文化和科技，经济、文化和社会生活都发生了翻天覆地的变化。上海逐渐成为全国乃至亚洲的金融和经济中心，吸引了大量国内外商人和投资者，同时文化事业也蓬勃发展，成为了中国近代工业的摇篮。

近代上海西学东渐的故事，就像一幅精彩的画卷，在历史的长河中熠熠生辉。近代上海成了西方知识和文化传播的重要港口城市，吸引了大量外国商人、传教士和学者来到这里。他们带来了先进的科学、技术和文化，为上海注入了新的活力和智慧。

当时，上海已经是中国最重要的商业中心之一，使得它成为西方人了解中国的窗口。外国商人纷纷来到上海，带来先进的商业理念和经验，建立商会和银行，推动了上海的现代化进程。上海开始逐渐形成一个国际化的城市，吸引世界各地的人。

除了商业交流，上海也成为西方文化的传播中心，建立了许多教堂和学校，传播基督教的思想和价值观。上海还建立了博物馆、图书馆和医院，为这个城市注入新的文化氛围。许多中国人通过接触西方的文化和思想，开始接受新的知识和观念。

1868年，法国天主教耶稣会神父韩伯禄（Pere Heude）创建震旦博物院，初名徐家汇博物院，为中国第一座博物馆，在徐家汇天主堂旁

图2　徐家汇藏书楼

边。1930年迁入吕班路（今重庆南路）新院舍，改属震旦大学，更名震旦博物院。藏品6万件，多为中国生物和植物标本，当时有"远东第一"之称。

　　1849年，上海第一家公共图书馆上海书会（Shanghai Book Club）在英租界创办，1851年改称上海图书馆（Shanghai Library）。1871年亚洲文会北中国支会图书馆创办。1897年徐家汇藏书楼建成（图2）。1904年，第一家大学图书馆圣约翰大学罗氏图书馆创建。

　　上海开埠后，西方医学东渐，不少医师来沪办医，以医药促进宗教事业。1844年2—3月，英国人雒魏林(William Lockhart)创办上海首家西医医院中国医院(仁济医馆)。后来开办的有公济、同仁、妇孺、广仁、

图3 近代上海医院

图4 近代上海学校

广慈等教会医院。1872年，国人创办的第一所西医医院体仁医院开诊。1880年，圣约翰书院增设医科，为上海近代医学堂之肇始。同一时期，医药社团和医学刊物不断涌现。1886年10月，中华博医会成立，1888年出版《博医会报》。20世纪初，上海医务人员、医学生去国外进修和西方医学专家、学者来沪考察、讲学者逐渐增多。经过数十年的发展，上海成为西方医学在中国传播的窗口和东西方医学交流的中心（图3）。

上海开埠后，受西学东渐影响，新学逐渐代替旧学，在全国首开近代教育。1879年，圣约翰书院创办，1896年设大学部，成为上海第一所高等学校。1863年，李鸿章奏准开设上海第一家中国人办新式学堂上海广方言馆，教授外语，兼授其他西学，培养新型科学技术人才。1867年，江南制造局开设机器学堂，1874设操炮学堂。1872年，官派第一批学生赴美留学，开始中国的留学生教育事业。1878年，第一所中国人办新式小学正蒙书院创办，参照外国办学制度，设置课程、发展学生组织、建立作息制度等，兼重德育、智育、体育。维新运动兴起后，近代教育进一步发展。1896年，盛宣怀开设新型学校南洋公学，设师范院、外院（小学部）和中院（中学部）、上院（大学部），形成三院一贯的新教育制度，成为国内大学、中学和小学三级学制的雏形，初步形成国人办小学到高校的普通教育体系（图4）。1850年，美传教士在沪首创裨文女塾，1881年圣玛利亚女校建立，1898年中国人自办的第一所女子

图5 近代科学译著

学校桂墅里女子学堂（经正女校）成立。此后全国首家女子职业学校上海女子蚕桑学堂、女子医科学校、上海女子医科大学、女子体育专门学校和两江女子体育专科学校先后创办。女子上学，男女同校渐成风气。20世纪初，与社会经济发展相适应的工商实业教育开始勃兴，成为上海教育的重要方面，领先于全国各地。

在上海，西方的科学技术也得到广泛传播和应用。科学家在上海建立实验室和研究机构，推动科学研究的发展，还在上海举办各种学术交流活动，为中国的科学界带来新的思想和方法。上海开始成为中国的科技交流中心。

西书中译成为西学在上海的主要传播方式。1843年，上海第一个译书机构墨海书馆成立，继之有美华书馆、江南制造局翻译馆、格致汇编社、益智书会、广学会、译书公会等创办，翻译出版大批自然科学、应用科学著作。影响较大的有伟烈亚力、李善兰合译的《几何原本》（后九卷）、《代数学》、《代微积拾级》，《几何原本》始有完整的中文译本，把西方代数学、解析几何和微积分近代符号第一次传入中国（图5）。李善兰、艾约瑟译述的《重学》，将牛顿力学三大定律介绍到中国。傅兰雅、徐寿译著的《化学鉴原》，系统介绍西方近代化学知识，所确定的化学元素中文译名，奠定近代中国化学元素命名的基础。伟烈亚力、李善兰合译的《谈天》，经徐建寅补充再版，把19世纪70年代前的大部分西方近代天文学知识传入中国。韦廉臣、李善兰合译的《植物学》，系统介绍近代西方植物学知识，创立包括"学""科"等一批植物学的中译名称。华蘅芳、傅兰雅根据英国《地质学原理》译著的《地学浅释》，详细介绍西方近代地质学知识，首次把生物进化论观念引进中国。合信、陈修堂编译的《全体新论》，是近代中国第一部介绍西方生理解剖学著作。傅兰雅、赵元善编译了有关西药西医的重要著作《西药大成》《儒门医学》。

大量体现西方近代文明的器物输入上海。从生产工具到生活用品，不断影响上海市民生活，初经排斥，终为接受，改变上海人对西物、西学的总体看法，产生强烈而广泛的文化效益。1864年，上海第一家煤气公司大英自来火房开始供气。第二年南京路点亮第一盏煤气灯。1871年，丹麦大北电报公司成立。1876年，英商怡和商行修建上海至吴淞的中国第一条铁路。1882年，上海出现电话，公共租界电灯公司开始发电。1883年，上海的自来水厂

图6 杨浦水厂

图 7 近代 杭稚英绘月份牌画

开始向居民供水（图6）。

与此同时，上海的文化艺术也发生了巨大的变革。西方的文学、戏剧、音乐等艺术形式开始在上海流行起来。上海的剧院、音乐厅和画廊成了西方文化的重要舞台，吸引了大量观众和艺术家。许多西方文化作品和思想在上海得到广泛传播和接受，为上海的文化发展注入了新的活力。

在中西文化交融、碰撞下，原在民间盛行的丝竹乐、钹鼓乐、吹打乐虽保持固有风格，但西方音乐和西方生活方式的音乐会、舞会逐渐在沪流行。1878年，上海管乐社成立上海管乐队，后公共租界工部局接办进而转变为管弦乐队。以后市区文明雅集茶楼也成立江南丝竹社团，定时定点活动。南洋公学于1878年率先在校中设音乐课，1903年沈心工成为中国第一位教授新式唱歌的音乐教师。西洋美术也在上海勃兴，出现了油画、漫画、版画、月份牌画、连环画、宣传画、水粉画、美术设计、雕塑等（图7）。

然而，西学东渐过程中也遇到一些挑战和困难。一些传统观念与西方的思想产生冲突，但正是通过这种碰撞和冲突，上海不断吸收西方文化的精华，与本土文化传统融合，逐渐形成自己独特的文化风格。

近代上海西学东渐的故事，让我们看到了一个城市的崛起和变革。通过吸收西方的先进知识和文化，上海为中国的现代化进程奠定了基础。上海的西学东渐之路不仅仅是知识的传播，更是思想的碰撞和融合。它让上海成了一个充满活力和创新的城市。

城市寻迹

徐光启墓（图8）坐落在徐汇区光启公园内。明崇祯六年（1633），徐光启在北京病逝。卒后追封礼部尚书，太子太保，谥文定（图9）。

崇祯七年(1634年)赐域赐葬，择地在生前从事耕作及读书、著作之农庄别业北、法华浜、肇嘉浜、蒲汇塘三条水道汇合处，后又有徐氏后裔居此，地名遂称"徐家汇"。崇祯十四年（1641）营葬。墓前有华表、牌坊、翁仲、石马等。正中为徐光启与吴氏夫人墓，孙尔觉、尔爵、尔斗、尔默夫妇亦葬于两侧。清光绪二十九年（1903），天主教会为纪念徐光启受洗三百周年，重修牌坊，并在墓道中建大理石十字架一座，座上碑石刻颂词，马相伯撰文，松江张秉彝书。牌坊三间四柱，门额刻"明故光禄大夫太子太保赠少保加赠太保礼部尚书兼文渊阁大学士徐文定公墓阙"。抗日战争以后，墓地无人管理，成为菜田。翁仲、石兽等残缺，树木多毁。

1956年，徐光启的长房裔孙、晋元中学教师徐海林提议将徐光启墓和城内徐光启祠捐献给国家，经同族人士赞同，向市人民委员会提出申请，经同意后，由市文化局接管，市民用建筑设计院作墓地复原设计，1957年修复竣工。

修复后的墓地面积为13370平方米，墓前华表、牌坊及十字架等修补完整，

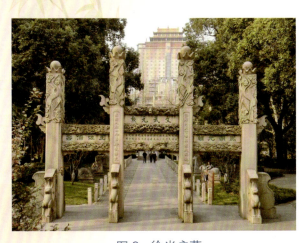

图8　徐光启墓

从他处移来翁仲、石兽。墓上堆土成大墓，堆土周围垒黄石，与一般明墓相同，墓前筑花岗石平台，周围有槛栏。修复后，市园林管理处辟为小型公园。

在"破四旧"中，墓地被占，作为露天仓库。1975年，园林部门会同市文管会收回徐光启墓地。市园林处重建南丹公园，市文管会修整墓台。1980年数学家苏步青题书墓碑。

1983年11月8日纪念徐光启逝世三百五十周年，墓地建碑廊，墓前立徐光启塑像。南丹公园改名光启公园。墓地增添了纪念性的气氛。碑廊在墓前东侧，原是公园的一座休息廊，改建后置一垛粉墙于廊中间，前后嵌书条石12块，刻有徐光启画像（程十发绘）和明末清初查继佐撰文《徐光启传》（承名世书写），徐光启手稿《刻几何原本序》信札和手书唐人李颀诗。2003年开始又对墓地全面整修，重建了石华表、牌坊、石翁仲、石兽等，重修了封土堆和墓道。

1959年，徐光启墓公布为上海市文物保护单位。1988年1月，徐光启墓（南丹路光启公园内）由国务院公布为全国重点文物保护单位。徐光启是古代上海文明的杰出代表，也是江南地区的卓越学者。他致力于经世致用，平生所学皆主张实用，其实学思想和精神，也就是理性包容、爱国精神、科研追求、开放胸襟和清正廉洁。徐光启作为海派文化的开创者，对后来的上海城市精神的形成影响至深。

图9 明《徐光启崇祯七年诰命卷》（上海博物馆藏）

海派风貌

海派文化是中西文化碰撞的结晶，它以求新求变、海纳百川的特点而闻名于世。海派文化融合了东方传统文化和西方现代文化的元素，形成独特的风格。上海的文学、戏曲、音乐、电影等领域都有海派文化的独特表现。海派文化特色鲜明，充满创新和活力，吸引了许多人的关注和喜爱。

海派文化的代表性特点之一就是求新求变。上海是一个充满活力和创新精神的城市，人们追求时尚和潮流，注重个人的自由和独立。这种追求新鲜事物的态度渗透到了海派文化的方方面面。无论是在音乐、戏曲、绘画还是电影等艺术领域，海派文化都不断吸纳新的元素，创造出独特而前卫的作品。

1850年12月，英租界外侨第一个业余剧团演出话剧《金刚钻切金刚钻》《飞檐走壁》。此后，上海有的教会学校学生用英语搬演西方名剧片断，开始编排时事新戏。1899年圣诞节，上海圣约翰书院中国学生演出《官场丑史》，讽刺纳粟捐官的财主，穿时装、演时事，无唱工、做工。

海派文化的另一个重要特点是海纳百川。上海作为一个国际大都市，吸引了来自世界各地的人们。不同文化、不同民族在这里交流和融合。海派文化倡导包容和开放的精神，吸收了外来文化的优秀成果，并将其融入自己的创作。这种海纳百川的态度使得海派文化不断丰富和发展，成为一个多元而充满活力的文化形态。海派文化对上海电影的发展产生重要影响。上海是中国电影的发源地之一，许多著名的导演和演员

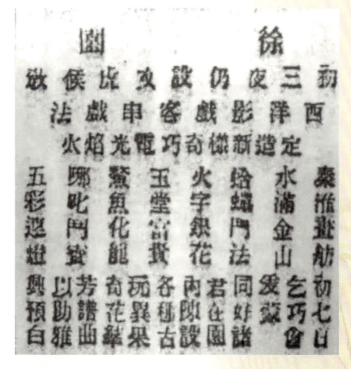

图10　上海徐园又一村放映"西洋影戏"的新闻

在这里崭露头角。海派电影以其独特的拍摄手法和题材选择，给人们带来许多经典的电影作品。

1896年8月11日，上海徐园又一村放映"西洋影戏"，为中国首次放映电影（图10）。1908年春，意大利侨民劳罗在沪拍摄纪录片《上海第一辆电车行驶》，为上海制片的开端。1913年，郑正秋受上海亚细亚影戏公司之托，编写《难夫难妻》（又名《洞房花烛》），开始中国电影剧作。1921年，上海中国影戏研究社将文明新戏《阎瑞生》拍成电影，杨小仲编剧，撰写文幕说明，为中国第一部长故事片剧本。1925年，洪深在《东方杂志》第22卷第1号至第3号发表电影剧本《申屠氏》，被认为中国第一部较为完整的电影剧本。

海派文化的求新求变和海纳百川的特点使得近代上海成了一个兼容并蓄、开放包容的城市。

博物趣知

上海博物馆探寻

上海博物馆馆藏文物102余万件，其中珍贵文物14.5余万件，荟萃各朝各代的历史文物，尤以古代青铜陶瓷器、书法、绘画最具特色，其中西周大克鼎、春秋子仲姜盘，以及唐朝《高逸图》、东晋王献之的《鸭头丸帖》等均为蜚声中外的国宝级馆藏。

上海博物馆东馆

博物探寻

大家快前往上海博物馆，寻找中西交流相关的文物，拍照后再将它的特征记录下来吧。

博物探寻微卡片			
博物名称		所在展馆	
博物介绍			
器物特征			
个人感受			

万国建筑：
现代都市与兼容

博物回响

　　1929年7月，在上海特别市政府第123次会议上通过"大上海计划"。"大上海计划"是为打破上海公共租界与上海法租界垄断城市中心的局面而制定的计划。该计划以江湾为市中心区，建筑道路、市政府大楼和其他公共设施。旧上海市博物馆是"大上海计划"中实施的重大建筑计划之一，是上海第一家由政府拨款建立的市立博物馆。从1929年始到1937年抗战爆发，"大上海计划"完成了多项主要工程，在江湾地区的广阔农村田野上，高楼住宅出现了，多条道路开辟了，出现了一片欣欣向荣的景象。

　　1934年12月，旧上海市博物馆破土动工，采用著名建筑师董大酉的中西合璧设计，由张裕泰合记营厂承建。1936年2月，建成对外开放。

　　旧上海市博物馆高24米，建筑面积1900平方米。外形似北京城鼓楼，重檐歇山、琉璃瓦顶，四周平台有仿石望柱围栏围护，外立面由人造石块砌筑，是中国传统风格与现代派风格相结合的典范。旧上海市博物馆与旧上海图书馆连同江湾体育馆，在当时被国际誉为"远东殆无其匹"。尤其是仿中国建筑鼓楼造型的博物馆和图书馆，堪称近代建筑史上的双子星座（图1）。

　　旧上海市博物馆从开馆到1937年抗日战争开始，先后举办过中国建筑、上海地方文献、各国的博物馆等6个展览会。该建筑现为长海医院影像楼。

　　1994年2月18日，上海市人民政府公布其为"上海市优秀近代建

图 1 旧上海市博物馆（今长海医院影像楼）与旧上海图书馆（今杨浦区图书馆）

筑"。1999年，长海医院耗资近2000万元，对10号楼"影像楼"的室内、外墙进行全面修缮。

　　旧上海市立博物馆是上海博物馆的前身之一，部分馆藏被1952年建成的上海博物馆接受。现上海博物馆图书馆收藏有旧上海市博物馆留存的图书千余册，多为金石类古籍。

沪上春秋

有人说，建筑是凝固的音乐，建筑是文化的结晶。是的，建筑不仅能映照出民族的印记，而且也浓缩着地域的特色。

上海作为中国最具国际化的城市之一，拥有着丰富的历史和独特的城市建筑。其中，外滩历史建筑群、石库门和一系列不同时代不同风格的城市建筑是上海城市发展的重要组成部分，也是上海独特魅力的象征。

自上海开埠以来，外滩便成为一个重要的港口。上海话中一般河流的上游叫作"里"，河流的下游叫作"外"，而外滩这一处正是在下游，所以得名。

外滩历史建筑群素有"万国建筑博览群"之誉，汇集了不同时期、不同风格的建筑，浓缩了中国近现代政治、经济、社会文化的发展变迁。万国建筑群是指上海外滩矗立着的一片租界时期的房子，位于上海市黄浦江西岸的外滩，北起外白渡桥，南抵延安东路，南北全长1.5公里，是外滩建筑群的精华所在，是上海的标志建筑群。在这里，鳞次栉比地矗立着海关大楼、和平饭店、原汇丰银行大楼等52幢哥特式、巴洛克式、罗马式、古典主义式、文艺复兴式、折衷主义式等各种风格的大厦。这些大厦虽然出自不同建筑师之手，风格迥异，但是建筑格调统一，建筑轮廓协调，在黄浦江西岸划出了一道优美的天际线（图2）。

这些建筑兴建于20世纪初，是当时上海国际化进程的见证。每座建筑都代表了不同的国家和文化，展示了上海当时的商业繁荣和国际交流。这里聚集着当年各国的领事馆与各大金融机构。

不少外滩历史建筑背后还有着可歌可泣的红色故事、爱国主义故事，以及体现上海勇立潮头、敢为人先的首创精神故事。外滩1号初建于1916年，后加建，是当时外滩最高的一幢建筑，被称为"外滩第一楼"，1917年该楼被命名为亚细亚大楼（图3）。1945年后，"广大华行"入驻外滩1号，主要创办者卢绪章和杨延修分别于1937年和1938年加入中国共产党。广大华行多次掩护中央领导和地下党领导来往于国统区，向根据地秘密输送情报和大批急需物资，给党的一线、二线机关和延安送去大量经费。

外滩2号，曾是上海总会大楼（图4）。1989年12月，上海首家肯德基入驻位于中山东一路2号的原东风饭店，制度化的流程操作、干净明亮的门店、店员统一着装与微笑式服务，给上海市民带来耳目一新的感觉。上海首家肯德基入驻外滩，是改革开放的标志案例之一。

"石库门"建筑是上海城市近代历史的重要标志。从中共一大会址、渔阳里到新天地、田子坊、步高里，这些"石库门"里弄以其独特的海派风格吸引着众多海内外客人，成为上海"石库门"文化的重要传承地。毛泽东、周恩来、陈云等老一辈共产党人活动于石库门；杨杏佛、马相伯、何香凝、史良、邹韬奋等一代民主人士也曾把石库门作为活动场所。20世纪二三十年代，一些社会名人也避居于租界的石库门里弄。石库门催生了"亭子间文学"。中国近代文学史上一些著名的文学家、文学作品与石库门都有着千丝万缕的关系。鲁迅的《且介亭杂文》收录了他于1934年在亭

图2 外滩历史建筑群

图 3　外滩 1 号（亚细亚大楼）

图 4　外滩 2 号（上海总会大楼）

图
5

鲁
迅
《
且
介
亭
杂
文
》

图 5 鲁迅
《且介亭杂文》

子间所作杂文（图5），"且介亭"意即"半租界的亭子间"（"且"为"租"的右半，"介"为"界"的下半）。巴金的《春》《秋》《寒夜》等作品都构思、写作于石库门；张爱玲的小说常以石库门里弄作为故事背景。郭沫若、茅盾、丁玲、徐志摩、傅雷等不仅居于亭子间，还创作了许多与亭子间相关的作品。著名画家黄宾虹、张大千、林风眠、徐悲鸿、汪亚尘、丰子恺等也曾居于石库门。

石库门里弄住宅起源于1870年前后，它是在里弄木板房基础上改建而成。这种住宅的正面大门一般采用花岗石或宁波红石（砂岩）做门框，配上两扇黑漆厚木大门，一副铜环或铁环，门宽约1.4米，门高约2.8米，门头用石发券，上砌三角形、长方形或半圆形凹凸花纹，人们称这种住宅为石库门住宅（图6）。石库门大多冠名弄、里、坊、邨，"弄"是有别于街面房子的通称。"里"即"里弄"，又叫"弄堂"。"坊""邨"虽高雅一点，但其本质还是弄堂。弄、里、坊、村等名称，级别逐次提高。

"弄堂"是由连排的石库门建筑所造成的，并与石库门建筑有着密切的关系。上海的石库门建筑是一种多单元组成的联立式结构：早期的石库门一般由20—30个单元组成，后来的石库门则更是扩大到一百至数百个单元。这些石库门一排排地联体而立，组成了一个庞大的房屋网络。石库门建筑的间隙之间，形成了一条条的通道，这种通道便是上海人所谓的"弄堂"。由于地皮紧张，房屋排列行距很紧，因此上海的弄堂也大多显得十分狭窄。较宽的为4米左右，较窄的连3米都不到。这些弄堂虽然行距狭窄，阴暗潮湿，然而却是19世纪中叶至20世纪末这一百多年来上海都市人生存栖息的一

图6　石库门住宅

块重要的天地，多少年来，成千上万的上海人就是在这些狭窄的弄堂里度过了他们平凡而日常的生活，并且创造了形形色色风情独具的弄堂文化。

上海沦陷后，租界畸形繁荣，人口剧增，石库门趋向平民化。所谓"七十二家房客"和"螺蛳壳里做道场"现象比比皆是（图7）。二房东、亭子间文学、邻家姆妈、客堂间、厢房、天井等在当时上海人生活中屡见不鲜。

上海石库门里弄是在江南和上海县城民居传统建造艺术的基础上，兼容欧洲联排式住宅的毗连形式，吸收部分西洋建筑艺术的装饰方法，而形成的我国独特的江南城市民居建筑，也是上海地区特有的一种中西合璧的民居建筑样式。

上海是中国民族工业发祥地，有着许多老工业遗址，也有着深厚的城市工业文化内涵。这些遗址包括旧厂房、码头、仓库等，见证了上海从传统农业社会向现代工业社会转型的历程，如有"中国工业锅炉的摇篮"、曾诞生中国第一台水管式锅炉的上海四方锅炉厂，福新第三面粉厂，上海丰田纺织厂铁工部旧址等。每项工业遗产都在一定程度上代表了当时社会生产力的最高发展水平，凝结着社会经济、产业和工程技术等方面的历史信息，见证城市发展的历史，其中，江南造船厂就是最好

图7 石库门"七十二家房客"

图8 江南造船厂制造的新中国
第一台万吨水压机

的例子。

　　江南造船厂是中国民族工业的发祥地，自1865年建局（时称江南制造局）至今，江南造船厂见证了近一百六十年的历史（图8）。多年来的历史风雨磨去了不少痕迹，可一些珍贵的建筑却仍忠实记录下了一切。这里曾诞生出中国第一家大型民族工业、中国第一批正规产业工人、中国第一艘机动兵轮、中国第一磅无烟火药、中国第一门工业火炮，甚至第一炉钢、第一艘万吨轮、第一台万吨水压机等。

　　在这些遗址中，可以看到当时工业设施的痕迹和建筑风格。如今，一些城市建筑已经被改造成文化创意产业园区或艺术展览馆，为上海的文化创意产业注入了新的活力。

　　上海的万国建筑、石库门和城市建筑是上海城市发展的重要遗产，也是上海独特魅力的象征。它们通过独特的建筑风格和丰富的历史背景，向人们展示了上海的过去和现在。这些遗址不仅是城市发展的见证，也是文化遗产的宝贵资源。

城市寻迹

上海租界是近代中国被列强侵略的典型例子，它由英、法、美等国共同管理，成为外国在中国的特殊"领土"，当时兴建的各种建筑展现了不同的历史风貌和建筑风格。

这些建筑的特点之一是多样性。在英租界的中心区域，可以看到典型的英式建筑，如西洋楼、田园建筑等；法租界则以法国哥特式和洋房为主，体现出法国浪漫的特点；美租界则以西班牙殖民建筑和摩天大楼为主，展示了美国的现代化风格。

这些建筑的另一个特点是现代化与传统的结合。当时的外国资本和技术的引进推动了建筑的现代化进程，这些建筑采用了现代化的设计理念和建筑技术，如钢筋混凝土结构、电梯设施等。1882年，上海电气公司最早使用钢结构，1883年上海自来水厂最早使用水泥，1903年建造的英国上海总会是上海第一幢使用钢筋混凝土的大楼，1923年建成的汇丰银行最早采用冷气设备。上海吸收西方近代建筑新结构、新材料、新设备、新技术的速度很快，如电梯是1887年在美国首次使用，十九年之后的1906年，上海汇中饭店即已使用（图9）。

同时，建筑师们也充分考虑到了中国传统文化的特点，将传统元素融入到建筑中，形成了独特的中西合璧的风格。这种现代化与传统的结合，使得上海建筑呈现出独特的魅力。

如今许多建筑被完好保存下来，成为了上海的地标和文化遗产。这些建筑是上海独特的城市景观，也是上海文化遗产的重要组成部分。

　　拉斯洛·邬达克（1893年1月8日—1958年10月26日），匈牙利籍斯洛伐克人，国际著名建筑设计师。邬达克设计的历史建筑塑就了海派建筑的精髓，邬达克的名字早已与上海融为一体。从1918年到1947年，邬达克在上海接手并建成的项目不下50个（单体建筑超过100幢）。

　　1918年起，他在美国人开的建筑公司克利洋行做助手，其间学会了汉语。邬达克的幸运就在于，他在上海的几十年，恰好赶上了上海的建筑黄金时代。在当时的上海，来自各国的建筑师和大批的"海归派"带来了世界上最先进时髦的建筑理论、建筑模式和建筑材料，上海因此成为展示世界近代建筑风格的大舞台。

　　真正让邬达克声名鹊起的是他1925年在上海建立自己的建筑事务所开始，他从原先流浪者、配角身份，转变为这个城市建筑设计界的领军人物。1925年到1938年间他设计了诸如国际饭店、大光明电影院等诸多

图9　汇中饭店

图 10　大光明电影院与国际饭店

建筑。邬达克逐渐成为上海最有名望最活跃的建筑师，几乎垄断了当时上海的经典建筑设计。

1933年，邬达克出人意料地以大光明电影院的设计在上海这个地域中表现出罕见的先锋倾向。这是我国西式建筑转向现代主义的标志。大光明影院设计简洁新潮，使用大片玻璃窗及玻璃灯柱，室内顶棚及墙面线脚自然流畅，一反复古样式的繁复。

在这一年之后，邬达克先生再次"先锋"夺人，他设计出了后来成为上海标志性建筑的国际饭店——其具有雄浑的体量、美国摩天楼式的造型以及83.3米的高度（图10）。国际饭店更是采用了当时世界上最先进的钢框架结构和钢筋混凝土楼板，造型高耸挺拔，是当时亚洲最高的建筑物。国际饭店也成为邬达克设计的最著名作品。

如今，他曾经设计的大光明影院、国际饭店、沐恩堂、吴同文住宅等25个项目被列入上海市优秀近代保护建筑名单。

海派风貌

上海作为国际大都市，吸引了来自世界各地的人们。他们带来了各自的语言、宗教、习俗和美食，在这里相互交流、融合。上海人民对外来文化持开放态度，尊重多元文化的存在。无论是传统的中国文化还是西方的现代文化，都能在上海找到自己的一席之地。

1911年，第一套中山装在上海诞生。是年，上海亨利服装店依孙中山的日本陆军士官服设计中山装，四贴袋，袋盖做成倒"山"字形笔架盖。自此，中山装在中上层市民流行。20世纪20年代，出现女子新式旗袍，约与中山装同时风行（图11）。新式旗袍，借鉴西洋时装特点，将宽大的满族旗袍改成线条流畅、不带装饰的新型服装，以丝绸缎等为面料，职业女性流行阴丹士林布料。

20世纪二三十年代，巴黎等西方大城市新式服装问世后三四个月就传入上海，首先在电影明星、名模、交际花中流行，渐而扩至上层社会妇女，再影响普通女性衣着，最终向内地扩散。影响较大的有翻花女时装、西式裘皮大衣、百褶裙、好来坞明星服装等。

上海开埠后，在沪西洋人保持在本国一日四餐和食用西餐的习惯，在租界游乐中心开设西式酒店饭馆。1853年，上海首家西餐馆老德记西餐馆开业。1910年，上海首家面向社会的餐馆德大西餐馆开张，以德大牛排闻名。20世纪20年代，汇中、大华等饭店、西餐厅、酒吧也向社会开放，西餐在上海的影响扩大。上海人入西菜馆逐渐成为风尚，西菜馆根据上海人口味，改进烹调。国际饭店、华懋饭店等大饭店，膳食设

图 11 民国时期的旗袍

备完善，聘用法国人担任厨师长，西菜品种增加，质量提高。英、法、德、俄等各国菜肴引入，形成一批上海名菜，如腓利牛排、奶油葡萄鸡、花旗鱼饼、墨西尾鸡面、烙丝肉、芥末牛排等。厨师注意吸收中国菜的长处，又保持西菜注重营养及自然本色的特点，俄式罗宋汤，因味道香美而价廉，广受华人欢迎。

上海作为中国最具国际化的城市之一，继续吸引着来自世界各地的人们。无论是喜欢艺术、美食、时尚还是传统文化，上海都能满足需求。海派文化的精神让这座城市成为一个开放、多元、充满活力的地方。

行走实践

外滩"万国建筑博览群"探寻

外滩，北起外白渡桥，南抵金陵东路，在这段路上曾分布着52幢风格各异的大楼。目前，外滩特色建筑群保存至今的共有23幢，昔日的建筑在精心的保护下，依然焕发着光彩，楼与楼之间的街道也印证着新与旧、历史与现代的变迁。

旧时外滩

博物探寻

大家快前往外滩，找寻"万国建筑博览群"背后的故事，拍照后再将它的特征记录下来吧。

博物探寻微卡片		
博物名称		所在展馆
博物介绍		
器物特征		
个人感受		

光明摇篮：
时代风云与奋斗

博物回响

　　在中国共产党第一次全国代表大会纪念馆（简称中共一大纪念馆）内，陈列着一件国家一级文物——1920年9月陈望道译《共产党宣言》（图1）。

　　陈望道，原名参一，1891年1月18日出生在浙江省义乌县何里乡分水塘村一户农耕之家。于1952—1977年任复旦大学校长。作为中国共产主义运动的先驱，马克思主义在中国的传播者，著名的教育家、语言学家，他在中国历史上建立了不可磨灭的功勋。对先生一生的伟绩，著名数学家苏步青先生在为纪念陈望道先生诞辰一百周年的题词中集中概括为："传播共产党宣言千秋巨笔，阐扬修辞学奥蕴一代宗师"。

　　近代中国，随着帝国主义的侵略，民族危机日益加深，一批先进知识分子开始尝试转向西方寻求救国之道，陈望道就是其中之一。

　　精通日语英语、汉语功底深厚、具有扎实的马克思主义理论基础，这三个缺一不可的条件，让陈望道成为《共产党宣言》汉译本翻译者的最佳人选。

　　《共产党宣言》于1848年2月发表，第一次完整、系统地阐述了马克思主义关于科学社会主义的基本理论和基本思想。它的发表，标志着马克思主义的诞生。《共产党宣言》是共产主义运动的第一个纲领性文件，包含极其丰富和深刻的思想内容，文字极为优美、精炼，因此要翻译好《宣言》是极不容易的，要做到文字的传神就更加困难了。恩格斯自己也曾说过："翻译《宣言》是异常困难的。"

　　进入20世纪以后，中国有不少有识之士译过《共产党宣言》，但仅是

图1 陈望道译《共产党宣言》
（中共一大纪念馆藏）

片断摘译或章节之译。尽管翻译《共产党宣言》难度极大，但陈望道还是知难而进。因为陈望道在日本留学时读过《共产党宣言》，深知该书的分量，是唤醒中国这头睡狮最为嘹亮而有力的号角。

陈望道的译书工作是在家乡——浙江义乌分水塘宅旁的一间柴屋里进行的。当时的工作条件十分艰苦，柴屋经年失修破陋不堪，只安置了几件简单的家具。一块铺板和两条长凳，既当书桌又当床；一盏昏暗的煤油灯，伴随着他送走了无数个漫长的寒夜。尤其是他当时的翻译工作只有极少参考资料，只能依据日文本并参考英文本进行试译，翻译工作难上加难。但陈望道凭其顽强的毅力，硬是费了平常译书五倍的功夫，才把全文译了出来。1920年8月，中文全译本《共产党宣言》终于问世。

陈望道先生译的《共产党宣言》，后来成为国民党统治时期在国内流传最广、影响最大的一部马克思主义经典著作。作为《共产党宣言》的第一个中文全译本，它对于宣传马克思主义，推动无产阶级运动在中国的蓬勃发展，起了非常重要的作用，同时也为中国共产党的创立奠定了思想基础。许许多多具有激进民主主义思想的革命青年，在它的影响下，逐步树立起对马克思主义的坚定信念，成为共产主义的信仰者。

中共一大纪念馆藏的陈望道译《共产党宣言》，早期被共产党人张静泉（即张人亚）阅读和收藏。为避免失落和损坏，他父亲将本书连同其他革命书籍一起长期秘密保存在宁波张静泉的衣冠冢里，中华人民共和国成立后，由弟弟张静茂从山洞取出。1959年捐献给中共一大纪念馆。

沪上春秋

上海红色文化指的是上海地区在中国革命时期所留下的历史遗迹和文化传承，是上海作为中国共产党的诞生地之一所具有的独特文化景观。

中国共产党在上海诞生，其背后有多重因素，主要从经济与阶级基础、政治空间以及思想传播三方面来看。上海作为当时中国的经济中心，贸易繁荣，工业发达，这为上海的工人阶级提供了广阔的生长空间。工人阶级的壮大为中国共产党的诞生提供了坚实的阶级基础。同时，上海的经济繁荣也吸引了众多先进知识分子和革命者的聚集，他们在这里开展工人运动，推动革命事业的发展。在政治空间方面，上海独特的租界环境为革命者提供了相对宽松的活动空间。这种特殊的生活环境使得革命者们能够更自由地探讨和探索革命道路，为中国共产党的创立创造了有利的条件。在思想传播上，上海作为新文化运动的集聚地，先进的思想和理念在这里得到广泛传播。各种新思潮的涌入和碰撞，为中国共产党人的思想形成提供了丰富的土壤。同时，上海也是各类进步刊物和团体的聚集地，这些媒介进一步推动了革命思想的传播和实践。

20世纪初，上海作为中国最发达的城市之一，吸引了许多先进思想和革命理念的传播。在这样的背景下，中国共产党的早期组织者和革命先驱开始在上海进行秘密的宣传和组织活动。法租界成为他们主要的活动地点之一。

南昌路100弄（老渔阳里）2号（原环龙路渔阳里2号），是一幢二楼二底砖木结构坐北朝南的旧式石库门里弄住宅建筑（图2）。1920年初陈独秀由京至沪后，便寓居于此。移沪后的《新青年》编辑部也设在这里。

　　1920年8月，陈独秀、李达、李汉俊、陈望道等人建立了上海共产主义小组，经常在这里开会，讨论党的工作和工人运动等问题。与此同时，陈独秀将《新青年》改办为上海共产主义小组的机关刊物。同年11月7日，上海共产主义小组创办《共产党》月刊。年底，陈独秀前往广州担任广东省教育委员会委员长，《新青年》交由陈望道负责编辑，参加编辑的还有沈雁冰、李达、李汉俊3人。

　　1921年9月，陈独秀回沪担任中共中央局书记，从此这里成为中央局的机关。同年10月，渔阳里2号突然遭到法租界巡捕房的查抄，陈独秀和其妻高君曼，以及包惠僧、杨明斋、柯庆施同时被拘押。经过马林、李达和张太雷等的努力营救，陈独秀等人获保释，法租界当局最后以《新青年》有"过激言论"，罚款100元而结案。陈独秀出狱后，继续居住在渔阳里2号，中共中央机关则另租房子办公。

图2 《新青年》编辑部旧址

图3 中国社会主义青年团中央机关旧址

1951年，《新青年》编辑部旧址经陈望道等勘查确认，于1952年修复，并曾作为上海革命历史纪念馆第二馆对内部开放。1955年初，停止接待参观。以后由文化局交下属单位做宿舍使用。1959年5月26日公布为上海市文物保护单位。

中国社会主义青年团中央机关旧址在淮海中路567弄（新渔阳里）6号（原霞飞路渔阳里6号），是一幢二楼二底砖木结构坐北朝南的旧式石库门里弄住宅建筑（图3）。1920年由共产国际代表维经斯基（Voitinsky）和杨明斋承租，在这里筹设"中俄通讯社"（又名"华俄通讯社"），由杨明斋负责。从此这里成为中国共产党建党时期上海党团组织的重要活动地点之一。

1920年8月22日，俞秀松、袁振英、叶天底、金家凤等8位青年在这里发起创立上海社会主义青年团，由俞秀松任书记。同年9月，上海共产主义小组在这里开办"外国语学社"，为培养青年党团干部，并为输送青年赴俄留学做准备，由杨明斋负责，俞秀松任秘书。教师有李汉俊、李达、袁振英、王元龄（女）、库兹涅佐娃（女）等，学生有刘少奇、任弼时、罗亦农、王一飞、汪寿华、萧劲光、柯庆施、许之祯等50余人。

1921年初，中国社会主义青年团成立后，渔阳里6号成为团中央的机关，先后选送数十名团员赴莫斯科"东方劳动者共产主义大学"学习。上海共产主义小组还在这里先后领导筹组上海机器工会，举行首次三八妇女节纪念活动以及筹备纪念五一节等。

1957年，渔阳里6号经修缮后恢复原状布置，由上海革命历史纪念馆筹备处保护管理。根据许之祯的回忆，楼上朝东的亭子间为俞秀松的卧室，朝西的亭子间为杨明斋卧室兼中俄通讯社办公室，客堂楼为团中央办公室，楼下客堂为会客的地方，厢房为外国语学社教室。刘少奇、萧劲光、柯庆施、许之祯等均亲临勘实。1973年4月，旧址移交上海市文物管理委员会管理。1987年，市文管会对旧址进行整修，并根据萧劲光等回忆将教室布置在楼下客堂。于1989年5月4日正式对外开放。

1959年5月26日公布为上海市文物保护单位。1961年3月4日公布为全国重点文物保护单位。

上海还有许多红色文化遗址和纪念馆，如中共一大会址纪念馆、上海革命历史博物馆等。这些地方通过展览、文物和图片等形式，向人们展示了中国共产党的发展历程、革命斗争的艰辛和革命先烈的英勇事迹。这些遗址和纪念馆不仅是红色文化的重要载体，也是人们了解中国革命历史和共产党的窗口。

上海红色文化的价值不仅在于历史传承，更在于它对当代社会的启示和影响。红色文化所弘扬的革命精神、奉献精神和为人民服务的理念，对于当代社会仍然具有重要的意义。

城市寻迹

中共一大纪念馆

　　中国共产党第一次全国代表大会纪念馆，简称中共一大纪念馆，位于上海市黄浦区黄陂南路374号，占地面积1300余平方米，隶属上海市文物管理委员会，是一所社会科学类历史遗址专题博物馆（图4）。

　　1952年，中国共产党第一次全国代表人会会址修缮后作为上海革命历史纪念馆第一馆，内部开放，接待重要中外来宾（图5）。1958年，中国共产党第一次全国代表大会会址按当年建筑原状修复后重新开放。

图4　中共一大纪念馆

1998年，中国共产党第一次全国代表大会纪念馆西侧扩建新馆。1999年，中国共产党第一次全国代表大会纪念馆竣工并对外开放。2009年6月，中国共产党第一次全国代表大会纪念馆专题陈列室改建竣工。2021年6月3日，全面修缮后正式开馆。

中共一大纪念馆由中共一大会址、宣誓大厅、新建展馆等组成。"伟大的开端——中国共产党创建历史陈列"展览，包括序厅、"前仆后继、救亡图

图5 上海革命历史纪念馆第一馆旧照
（20 世纪 50 年代）

存""民众觉醒、主义抉择""早期组织、星火初燃""开天辟地、日出东方""砥砺前行、光辉历程"和尾厅7个板块，综合采用文物实物、图片图表、动态视频、油画雕塑等多种形式，生动讲述建党故事，彰显建党初心、弘扬建党精神。

1921年7月23日至30日，中国共产党第一次全国代表大会在上海望志路106号楼下仅18平方米的房间里举行。出席大会的有李达、李汉俊、张国焘、刘仁静、毛泽东、何叔衡、董必武、陈潭秋、王尽美、邓恩明、包惠僧、陈公博、周佛海等13人，代表当时全国53名党员。共产国际代表马林、尼柯尔斯基也参加了大会。7月30日，会址受到法租界捕房的注意和搜查，虽然这次冲击并未给大会带来重大损失，但大家一致认为会议不能在上海继续举行了。之后，代表分批转移至浙江省嘉兴县南湖的一艘游船上举行。大会制定并通过了中国共产党的第一个纲领，选举产生了党的中央领导机构，宣告了中国共产党的诞生。

中共二大纪念馆

中共二大纪念馆在成都北路7弄30号（原南成都路辅德里625号），是一幢一楼一底的老式石库门里弄住宅建筑（图6）。中共第一次全国代表大会以后，中共中央局负责宣传工作的李达及其夫人王会悟寓居于此，并主持人民出版社的工作。楼下为会客室，楼上是卧室兼书房。

1922年7月16日—23日，中国共产党第二次全国代表大会在上海召开，南辅德里625号为大会主要会场之一。"二大"出席者有陈独秀、张国焘、李达、邓中夏、蔡和森、向警予、张太雷、高君宇、施存统、项英、王尽美、邓恩明共12人，代表全国党员195人。

中共二大改选了党的领导机构，选举陈独秀、蔡和森、张国焘、邓中夏、高君宇为中央执行委员，陈独秀为委员长。通过了关于"世界大势与中国共产党"、关于"国际帝国主义与中国和中国共产党"、关于"民主的联合战线"等9个议决案和《中国共产党章程》，发表了党的宣言，制定了党的最低纲领和最高纲领。

1959年5月26日公布为上海市文物保护单位。2002年6月30日，中共二大纪念馆在中共二大召开80周年之际正式对外开放。主要陈列有《中国共产党第二次全国代表大会历史展览》《中国共产党党章陈列》《平民女校史料陈列》等。

图6　中共二大纪念馆

海派风貌

　　上海红色文化是中国革命历史的重要组成部分，而追求卓越的时代精神是当代社会的一种价值追求和精神风貌，两者有着许多共同之处。

　　首先，两者都强调奋斗和努力。在中国革命时期，共产党领导人们为了实现革命理想，付出了巨大的努力和牺牲。而今天，追求卓越的人们也需要通过不断努力和奋斗，才能实现自己的目标和理想。其次，两者都鼓励个人的进步和创新。中国共产党的早期领导人们通过总结和创新来推动革命事业的发展。现代社会中的追求卓越者也需要具备创新的精神，不断寻求突破和进步。只有不断创新，才能适应时代的需求，迎接挑战。最后，两者都强调对社会的责任和奉献。共产党员们始终把人民的利益放在首位，为社会的发展和进步做出了巨大贡献。现代社会中的追求卓越者也应该肩负起社会责任，积极参与社会事务，为社会的进步和发展贡献自己的力量。

　　红色文化激励着人们坚守理想和信念，为社会进步做出贡献；而追求卓越的时代精神要求人们勇于挑战自我，不断超越自我，为社会的进步和发展贡献力量。让我们珍视和传承上海红色文化的同时，也秉持追求卓越的时代精神，为社会的发展和进步做出贡献。

　　中国共产党在上海诞生，党的初心也从这里始发，这使得伟大建党精神与上海这座城市产生了深厚的渊源。伟大建党精神所倡导的坚持真理、坚守理想，践行初心、担当使命等价值观，与上海城市品格中追求进步、勇于创新的精神高度契合。这些共同的价值理念构成了上海城市品格的重要组成部分，也使得伟大建党精神在上海得到了广泛的认同和传承。

行走实践

中共一大、二大、四大纪念馆探寻

上海是党的诞生地、初心始发地和伟大建党精神孕育地。我们党从这里诞生，从这里出征，从这里走向全国执政，留下了丰富的红色资源，中共一大、二大、四大纪念馆是最为宝贵的精神财富。

博物探寻

大家快前往中共一大、二大、四大纪念馆，亲近红色文化、拥抱红色文化，从红色精神血脉中汲取力量，奋勇投身伟大新征程。

博物探寻微卡片		
博物名称		所在展馆
博物介绍		
器物特征		
个人感受		

博物探寻微卡片		
博物名称		所在展馆
博物介绍		
器物特征		
个人感受		

图书在版编目(CIP)数据

何以上海 / 上海博物馆编著. -- 上海 : 上海人民
出版社, 2025. -- ISBN 978 - 7 - 208 - 19539 - 4

Ⅰ. K87 - 49

中国国家版本馆 CIP 数据核字第 2025904P59 号

责任编辑 王　蓓
装帧设计 夏　芳

何以上海

上海博物馆　编著

出　　版　上海人民出版社
　　　　　（201101　上海市闵行区号景路 159 弄 C 座）
发　　行　上海人民出版社发行中心
印　　刷　上海中华印刷有限公司
开　　本　787×1092　1/16
印　　张　12
字　　数　156,000
版　　次　2025 年 6 月第 1 版
印　　次　2025 年 6 月第 1 次印刷
ISBN 978 - 7 - 208 - 19539 - 4/K · 3495
定　　价　58.00 元